普通高等学校"十三五"省级规划教材

电子信息类专业实验教程

电路分册

（第2版）

总 主 编　陈得宝
主　　编　方振国
副 主 编　朱　旋　周建芳
编　　委　周建芳　宗桂林　方振国
　　　　　石林爽　朱　旋

中国科学技术大学出版社

内 容 简 介

本书为实验教学用书,内容涉及电路分析、线性电子线路、数字电路、高频电子线路、电路CAD及集成电路原理,共选编实验项目37个。本书编写力求理论联系实际,训练学生电路系列课程的基本技能,培养其分析问题和解决问题的能力。所有硬件实验项目均配有相应的软件仿真,利于学生预习实验,以更好地掌握相关知识。

本书可作为工科电子信息类专业学生学习电子电路系列课程的实验指导书,也可作为相关技术人员的参考书。

图书在版编目(CIP)数据

电子信息类专业实验教程. 电路分册/方振国主编. —2版. —合肥:中国科学技术大学出版社,2018.12(2020.8 重印)

ISBN 978-7-312-04383-3

Ⅰ.电··· Ⅱ.方··· Ⅲ.①电子信息—实验—高等学校—教材 ②电路—实验—高等学校—教材 Ⅳ.①G203-33 ②TM13-33

中国版本图书馆 CIP 数据核字(2018)第 017725 号

出版	中国科学技术大学出版社
	安徽省合肥市金寨路 96 号,230026
	http://press.ustc.edu.cn
	https://zgkxjsdxcbs.tmall.com
印刷	安徽省瑞隆印务有限公司
发行	中国科学技术大学出版社
经销	全国新华书店
开本	710 mm×1000 mm 1/16
印张	11.5
字数	225 千
版次	2014 年 8 月第 1 版 2018 年 12 月第 2 版
印次	2020 年 8 月第 3 次印刷
定价	30.00 元

前　言

实验是教学中的一个重要环节，其作用是帮学生巩固和加深课堂教学内容，提高实际操作技能，培养科学作风，为学习后续课程和从事实践技术工作奠定基础。为适应高等院校培养应用型人才和教学改革不断深入的需要，我们在多年教学实践和教学改革的基础上，编写了这本电子信息类专业的实验指导书。

本书获批为安徽省规划教材，是工科"电子信息类电路"系列课程的实验指导书，内容涉及电路分析、线性电子线路、数字电路、高频电子线路、电路CAD及集成电路原理，共选编实验项目37个。所有硬件实验项目均配有相应的软件仿真，便于学生预习实验，以更好地掌握相关知识。

本书编写力求理论联系实际，使学生能受到电路系列课程的基本技能训练，以培养分析问题和解决问题的能力。本书由淮北师范大学物理与电子信息学院电子信息系组织编写，其中"电路分析实验"由周建芳编写，"线性电子线路实验"由宗桂林编写，"数字电路实验"由方振国编写，"高频电子线路实验"由宗桂林编写，"电路CAD实验"由石林爽编写，"集成电路原理实验"由朱旋编写，全书由方振国统稿并担扺主编。

限于时间和编写水平，书中难免存在不妥之处，恳请专家读者批评指正。

编　者
2018年12月

目　录

前言 …………………………………………………………………………（ⅰ）

第一章　电路分析实验 ……………………………………………………（1）
　实验一　基尔霍夫定律和叠加原理的验证 ………………………………（2）
　实验二　戴维南定理的验证——有源二端网络等效参数的测定 ………（6）
　实验三　RC 一阶电路的响应测试 ………………………………………（11）
　实验四　RC 选频网络特性测试 …………………………………………（15）

第二章　线性电子线路实验 ………………………………………………（20）
　实验一　放大器静态工作点和放大倍数的测量 …………………………（21）
　实验二　晶体管放大器输入/输出阻抗的测量和频响特性 ……………（24）
　实验三　差动放大器 ………………………………………………………（28）
　实验四　负反馈放大器 ……………………………………………………（32）
　实验五　集成运算放大器运算电路 ………………………………………（35）
　实验六　波形发生电路 ……………………………………………………（39）

第三章　数字电路实验 ……………………………………………………（42）
　实验一　门电路逻辑功能及测试 …………………………………………（43）
　实验二　半加器及全加器 …………………………………………………（47）
　实验三　译码器和数据选择器 ……………………………………………（51）
　实验四　数值比较器 ………………………………………………………（54）
　实验五　触发器 ……………………………………………………………（58）
　实验六　时序电路（计数器、移位寄存器）………………………………（63）
　实验七　555 时基电路的应用 ……………………………………………（67）

第四章　高频电子线路实验 ………………………………………………（72）
　实验一　单调谐回路谐振放大器 …………………………………………（73）
　实验二　石英晶体振荡器 …………………………………………………（77）
　实验三　振幅调节器（利用乘法器）………………………………………（79）
　实验四　调幅波信号的解调 ………………………………………………（83）
　实验五　变容二极管调频振荡器 …………………………………………（86）

实验六　相位鉴频器 …………………………………………（88）

第五章　电路 CAD 实验 …………………………………………（92）
实验一　Altium Designer 软件的基本操作 ……………………（92）
实验二　总线电路原理图的绘制 ………………………………（101）
实验三　层次原理图的绘制 ……………………………………（103）
实验四　原理图报表输出 ………………………………………（107）
实验五　原理图元件库的管理和元件的制作 …………………（112）
实验六　基于 Altium Designer 的电路仿真 …………………（117）
实验七　简单电路的 PCB 设计 …………………………………（123）
实验八　复杂电路的 PCB 设计 …………………………………（129）
实验九　封装库的管理和封装库元件的制作 …………………（133）
实验十　综合实验 ………………………………………………（143）

第六章　集成电路原理实验 ………………………………………（145）
实验一　积分电路与微分电路 …………………………………（146）
实验二　有源滤波电路 …………………………………………（151）
实验三　电压/频率转换电路 ……………………………………（156）
实验四　波形变换电路 …………………………………………（159）

附录 A　常用芯片型号、名称对照表 ……………………………（163）

附录 B　所用集成电路介绍 ………………………………………（166）

参考文献 ……………………………………………………………（174）

第一章 电路分析实验

一、实验课程简介

"电路分析"主要介绍基尔霍夫电压定律和电流定律、叠加定理、戴维南等效和诺顿等效、用网孔法和回路法分析电路、低阶网络的分析方法、用相量法求解正弦信号激励下的响应、LC 电路和 RC 电路的频率特性、二端口网络的网络参数分析法等。电路分析实验是"电路分析"教学的一个重要组成部分,是不可缺少的重要环节,也是理论联系实际的重要手段。通过实验教学,能够验证和巩固所学的理论知识,训练实验技能,培养实际工作能力。进行电路分析实验应达到以下目的:

① 通过实验巩固和加深电路的基本知识,并能够运用所学理论与知识增强分析和处理实际问题的能力。

② 训练基本的实验技能,掌握常见的电工仪表的正确使用方法,掌握基本的电工测量技术、测量方法及数据处理方法。

③ 通过电路分析实验培养学生的动手能力,并将在实验中学到的基本技能运用到生产、生活实际问题的解决中。

二、KHDL-3 电路原理实验箱

KHDL-3 电路原理实验箱,依据电路实验的具体内容采用模块化设计,即每个实验的电路连接已基本完成,学生不用花太多的时间接线,从而可以有更多的时间进行实验的分析与测量;工艺采用先进的两用板工艺,正面印有原理图及符号,反面为印制导线及焊有相应元器件,结构紧凑、直观;配合万用表、毫安表等仪器仪表,即可以完成电路分析实验中常用的弱电类实验。

三、Multisim 仿真软件操作简介

Multisim 是美国国家仪器(NI)有限公司推出的以 Windows 为基础的仿真工具,适用于板级的模拟/数字电路板的设计工作。它包含了电路原理图的图形输入、电路硬件描述语言输入方式,具有丰富的仿真分析能力。目前在各高校教学中普遍使用 Multisim 10.0。

1. 软件安装及界面定制

首先退出所有的 Windows 程序,读安装光盘信息,逐步进行安装。安装完成

后,进行界面定制。

2. 电路的建立

(1) 建立电路文件

运行 Multisim,自动打开一个空白的电路文件。

(2) 选取元器件

在工具栏中打开建立电路要使用的元件箱,找到相应元件,将其放至电路窗口中适当的位置,选择适当的方向。双击该元件可以修改其参数值和命名,也可以单击对其进行复制、剪切、删除、旋转等操作。

(3) 连线

Multisim 有自动和手动两种连线方式。自动连线为其特有功能,系统会以最好的方式完成连线;手动连线要求用户控制连线的路径。一般采取两者结合的方式进行连线,即先进行手动连线,然后让 Multisim 自动完成连线。

(4) 仪器、仪表

Multisim 提供了一系列虚拟仪表,单击设计工具栏中的 Instruments 按键进入仪表功能,单击对元器件操作,双击可对仪表进行设置。

3. 仿真与分析

(1) 仿真电路

打开目标电路文件,单击设计工具栏的 Simulate 按键或选择弹出菜单中的 Run/Stop 选项进行仿真,停止仿真即重复该操作。

(2) 分析电路

Multisim 提供了多种不同的分析类型,一般情况下以图形的形式显示分析结果。可单击设计工作栏的 Analysis 按钮查看分析结果。

实验一 基尔霍夫定律和叠加原理的验证

一、实验目的

① 验证基尔霍夫定律,加深对基尔霍夫定律的理解。

② 验证线性电路叠加原理,加深对线性电路的叠加性和齐次性的认识与理解。

二、实验仪器

直流稳压电源+6 V,+12 V 各一个,直流数字电压表(0～200 V)一个,直流数字毫安表(0～200 mA)一个。

三、实验原理

基尔霍夫定律是电路的基本定律。测量某电路的各支路电流及多个元件两端的电压,应能分别满足基尔霍夫电流定律和电压定律。

叠加原理指出:在有多个独立源共同作用下的线性电路中,通过每一个元件的电流或其两端的电压可以看成是每一个独立源单独作用时在该元件上所产生的电流或电压的代数和。

线性电路的齐次性是指当激励信号(某独立源的值)增加或减小 K 倍时,电路的响应(即在电路中各电阻元件上所建立的电流和电压值)也将增加或减小 K 倍。

四、实验内容及步骤

实验线路如图 1.1 所示。

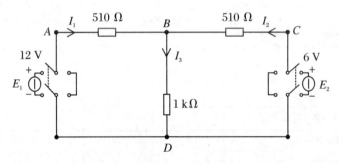

图 1.1 叠加实验原理图

1. 仿真实验

① 在 Multisim 环境中建立如图 1.2 所示的仿真实验电路(两开关同时闭合)。

② 在器件库中找出电流表并串联到电路中,按 Run/Stop 按钮启动电路,分别测出三个支路的电流 I_1, I_2, I_3,从而验证基尔霍夫电流定律(KCL)。将数据填入表 1.1。

③ 在器件库中找出电压表并联到电路中各个用电器两端,按 Run/Stop 按钮启动电路,分别测出两路电源和各个电阻元件上的电压,从而验证基尔霍夫电压定律(KVL)。将数据填入表 1.1。

④ 断开 E_2,E_1 单独作用,待到电路稳定,记录各表读数,填入表 1.1。

⑤ 断开 E_1,E_2 单独作用,待到电路稳定,记录各表读数,填入表 1.1。

⑥ 双击 E_2 图标,将输出电压调至 12 V,重复步骤⑤,记录各表读数,填入表 1.1。

仿真结果如图 1.3 所示。

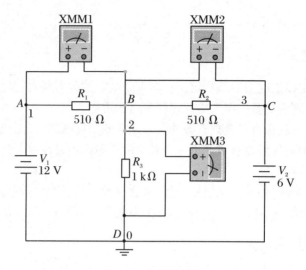

图 1.2 仿真电路图

表 1.1 叠加原理实验表格

实验内容＼测量项目	E_1 (V)	E_2 (V)	I_1 (mA)	I_2 (mA)	I_3 (mA)	U_{AB} (V)	U_{BC} (V)	U_{CD} (V)	U_{DA} (V)	U_{BD} (V)
E_1 单独作用										
E_2 单独作用										
E_1,E_2 共同作用										
两个 E_2 单独作用										

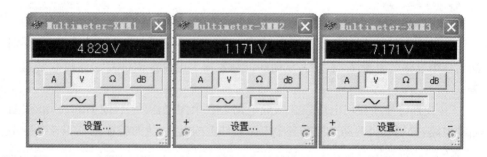

图 1.3 仿真结果图

2. 硬件实验

① 以图 1.1 中的电压和电流标注的方向为参考方向。

② 将两路稳压源的输出分别调节为 12 V 和 6 V,接入 E_1 和 E_2 处。

③ 令 E_1 电源单独作用,用直流数字毫安表和电压表分别测量各支路电流及各电阻元件两端的电压,数据记入表 1.1。

④ 令 E_2 电源单独作用,重复实验步骤③的测量和记录,数据记入表 1.1。

⑤ 令 E_1 和 E_2 共同作用,重复上述的测量和记录,数据记入表 1.1。

⑥ 将 E_2 的数值调至 +12 V,重复步骤④。

五、实验报告

① 根据表 1.1 中 E_1 和 E_2 共同作用时的实验数据,选定实验电路中的任一个节点,验证 KCL 的正确性。

② 根据表 1.1 中 E_1 和 E_2 共同作用时的实验数据,选定实验电路中的任一个闭合回路,验证 KVL 的正确性。

③ 根据实验数据进行分析、比较、归纳、总结实验结论,即验证线性电路的叠加性与齐次性。

④ 各电阻器所消耗的功率能否用叠加原理计算得出?试用上述实验数据进行计算并做结论。

⑤ 总结心得体会及其他。

六、预习要求

① 复习基尔霍夫定律及叠加原理,熟悉实验原理。

② 认真阅读实验教材,了解实验目的、实验内容和注意事项等,并按要求做好预习报告,上实验课时应携带预习报告,交辅导教师审阅。熟悉实验流程及要求。

③ 根据图 1.1 的电路参数计算出待测电流和各电阻上电压值,记入表 1.1 中,以便实验测量时可正确选定毫安表和电压表的量程。

七、思考题

① 在叠加原理实验中,若令 E_1,E_2 分别单独作用,应如何操作?可否直接将不作用的电源(E_1 或 E_2)短接置零?

② 在实验电路中,若将一个电阻器改为二极管,试问叠加原理的叠加性与齐次性还成立吗?为什么?

实验二 戴维南定理的验证
———有源二端网络等效参数的测定

一、实验目的

① 验证戴维南定理的正确性。
② 掌握测量有源二端网络等效参数的一般方法。

二、实验设备

可调直流稳压源（0～10 V）一个，可调直流恒流源（0～200 mA）一台，直流数字电压表一个，直流数字毫安表一个，万用电表一个，电位器（1 kΩ/1 W）一个。

三、实验原理

1. 戴维南定理

对于任何一个线性含源网络，如果仅研究其中一条支路的电压和电流，则可将电路的其余部分看作是一个有源二端网络（或称为含源一端口网络）。

戴维南定理指出：任何一个线性有源网络总可以用一个等效电压源来代替，此电压源的电动势 E_S 等于这个有源二端网络的开路电压 U_{OC}，其等效内阻 R_O 等于该网络中所有独立源均置零（理想电压源视为短路，理想电流源视为开路）时的等效电阻。U_{OC} 和 R_O 称为有源二端网络的等效参数。

2. 有源二端网络等效参数的测量方法

（1）开路电压短路电流法

在有源二端网络输出端开路时，用电压表直接测出其输出端的开路电压 U_{OC}，然后再使其输出端短路，用电流表测出其短路电流 I_{SC}，则内阻为

$$R_O = U_{OC}/I_{SC}$$

（2）伏安法

用电压表、电流表测出有源二端网络的外特性，如图 1.4 所示。根据外特性曲线求出斜率 $\tan\phi$，则内阻

$$R_O = \tan\phi = \Delta U/\Delta I = U_{OC}/I_{SC}$$

用伏安法主要测量开路电压及电流为额定电流 I_N 时的输出电压 U_N，则内阻为

$$R_O = (U_{OC} - U_N)/I_N$$

若二端网络的内阻很小,则不宜测其短路电流。

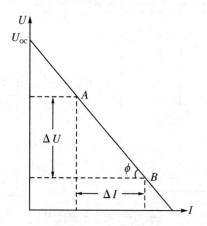

图1.4 有源二端网络外特性

(3) 半电压法

如图1.5所示,当负载电压为被测网络开路电压一半时,负载电阻(由电压箱的读数确定)即为被测有源二端网络的等效电阻。

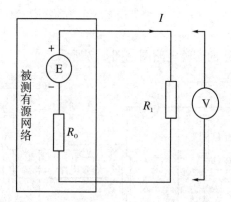

图1.5 半电压法原理图

(4) 零示法

在测量具有高内阻有源二端网络的开路电压时,用电压表进行直接测量会造成较大的误差,为了消除电压表内阻的影响,往往采用零示法测量,其原理图如图1.6所示。

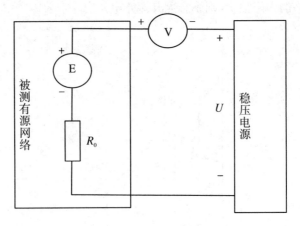

图 1.6 零示法原理图

零示法测量原理是用一具有低压内阻的稳压电源与被测有源二端网络进行比较,当稳压电源的输出电压与有源二端网络的开路电压相等时,电压表的读数将为0,然后将电路断开,测量此时稳压电源的输出电压,即为被测有源二端网络的开路电压。

四、实验内容

被测有源二端网络的实验电路图如图1.7所示。

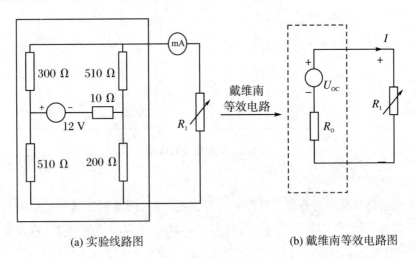

(a) 实验线路图 (b) 戴维南等效电路图

图 1.7 实验电路图

1. 仿真实验

(1) 开路电压短路电流法

在 Multisim 环境中建立如图 1.8 所示的仿真实验电路,在二端网络两端口处直接接上电压表,按 Run/Stop 按钮启动电路,得到开路电压 U_{OC};直接接上电流表,按 Run/Stop 按钮启动电路,得到短路电流 I_{SC},计算输入电阻 R_O。

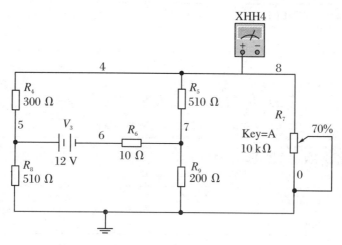

图 1.8 仿真实验电路图

(2) 直接测量 R_O

将万用表接到二端网络两端口处,按 Run/Stop 按钮启动电路,得到输入电阻 R_O。

(3) 验证戴维南定理

将 R_1 两端接上电压表,双击 R_1 改变其阻值,记录电流表及电压表的数据。
仿真实验结果图如图 1.9 所示。

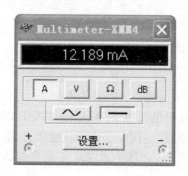 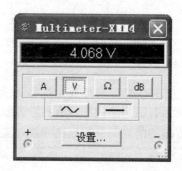

图 1.9 仿真实验结果图

2. 硬件实验

(1) 用开路电压短路电流法测定戴维南等效电路的 U_{OC} 和 R_0

按图 1.7(a) 所示电路接入稳压电源 E_S、恒流源 I_S 及可变电阻箱 R_1，测定 U_{OC} 和 R_0，填入表 1.2。

表 1.2　戴维南等效电路参数

$U_{OC}(V)$	$I_{SC}(mA)$	$R_0 = U_{OC}/I_{SC}(\Omega)$

(2) 负载实验

按图 1.7(a) 改变电阻 R_1 的阻值，测量有源二端网络的外特性，填入表 1.3 中。

表 1.3　有源二端网络的外特性

$R_1(\Omega)$	0
	∞
$U(V)$	
$I(mA)$	

(3) 验证戴维南定理

用一只 1 kΩ 的电位器，将其阻值调整到等于按步骤(1)所得的等效电阻 R_0 之值，然后将其与直流稳压电源(调到步骤(1)时所测得的开路电压 U_{OC} 之值)相串联，如图 1.7(b) 所示，仿照步骤(2)测其外特性，对戴维南定理进行验证，结果填入表 1.4。

表 1.4　戴维南等效电路外特性

$R_1(\Omega)$	0
	∞
$U(V)$	
$I(mA)$	

(4) 测定有源二端网络等效电阻(又称入端电阻)的其他方法

将被测有源网络内的所有独立源置零(将电流源 I_S 断开；去掉电压源，并在原电压源所接的两点用一根短路导线相连)，然后用伏安法或者直接用万用表的欧姆挡去测定负载 R_1 开路后输出端两点间的电阻，此即为被测网络的等效内阻，或称网络的入端电阻。

(5) 用半电压法和零示法测量被测网络的等效内阻 R_0 及开路电压 U_{OC}

线路及数据表格自拟。

五、实验报告

① 根据步骤(2)和(3),分别绘出曲线,验证戴维南定理的正确性,并分析产生误差的原因。

② 将步骤(1)(4)(5)中测得的 U_{OC} 和 R_0 与预习时电路计算的结果做比较,能得出什么结论?

③ 归纳、总结实验结果。

④ 总结心得体会及其他。

六、预习要求

① 复习戴维南定理,熟悉实验原理。

② 认真阅读实验教材(或实验指导书),了解实验目的、实验内容和注意事项等,并按要求做好预习报告,上实验课时应携带预习报告,交辅导教师审阅。

③ 实验前根据线路(图1.7(a))预先计算出待测电流和各电阻上的电压,记入表1.3中,以便调整实验线路及测量时可准确地选定电表的量程。

七、思考题

① 在求戴维南等效电路时,做短路实验测 I_{sc} 的条件是什么?

② 叙述测量有源二端网络开路电压及等效内阻的几种方法,并比较其优缺点。

实验三 RC一阶电路的响应测试

一、实验目的

① 用示波器观察 RC 一阶电路的零输入响应、零状态响应的过渡过程。

② 测量 RC 一阶电路时间常数。

③ 掌握有关微分电路和积分电路的概念。

④ 进一步学习使用示波器观察和测量电路波形。

二、实验仪器

函数信号发生器,双踪示波器,电路原理实验箱。

三、实验原理

1. RC 一阶电路时间常数 τ 的测量方法

时间常数 τ 是描述 RC 一阶电路过渡过程的重要参数,可以利用示波器上 RC 电路中电容两端的电压波形图进行测量。实验中采用方波信号作为激励源,只要所选择的方波周期远大于电路的时间常数 τ,就可以通过示波器观测到电路的过渡过程,同时保证在高低电平期间电容充放电完成。当方波处于低电平即 $u_S = 0$ V 时,相当于图 1.10(b) 中开关接通到 2 的位置,电容开始放电,电路处于零输入响应状态,电容电压波形如图 1.10(a) 所示。当 $t = \tau$ 时,$u_C = 0.368U$,此时所对应的时间就等于 τ。同样,当方波处于高电平时,相当于开关接通到图 1.10(b) 中 1 的位置,电容开始充电,此时电路处于零状态响应过程,电容电压波形如图 1.10(c) 所示。当 $u_C = 0.632U$ 时,从充电开始到此时所对应的时间也等于 τ。

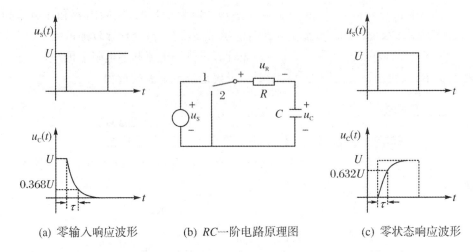

(a) 零输入响应波形　　(b) RC 一阶电路原理图　　(c) 零状态响应波形

图 1.10　RC 一阶电路原理图及其零输入响应波形、零状态响应波形

2. 微分电路和积分电路

利用 RC 一阶电路可以实现两种较典型的应用电路,即所谓微分电路和积分电路。它们对电路时间常数 τ 和输入信号的周期 T 有着特定的要求。在一阶 RC 电路中,如果满足 $\tau = RC \ll T/2$(T 为方波脉冲的周期),且将电阻 R 两端的电压作为响应输出时,就构成了一个微分电路。由于时间常数 τ 远小于方波周期,所以电容的充放电非常迅速,表现为其电压波形曲线非常陡峭。由图 1.10(b) 易得,在充电期间即 u_S 处于高电平时,$u_R = u_S - u_C$;在放电期间即 u_S 处于低电平时,$u_R = -u_C$。由此可根据 u_C 的波形图得到 u_R 的波形图,如图 1.11(a) 所示,为一很窄的脉冲,称为微分电路。

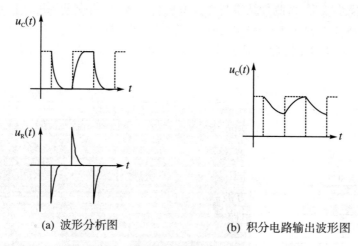

(a) 波形分析图　　　　(b) 积分电路输出波形图

图 1.11　波形分析图和积分电路输出波形图

当选取的参数满足 $\tau = RC \gg T/2$ 时,在 u_S 处于低电平期间,电容放电,但速度相对较慢,以至于低电平结束时放电过程还没有结束。电容电压的波形如图 1.11(b) 所示,比较平坦,接近直线,近似与方波对时间的积分成正比,如果以电容两端电压作为输出,此时的电路称为积分电路。以后在模拟电路中还会进一步学习由集成电路块构成的微分和积分电路。

四、实验内容及步骤

1. 仿真实验

(1) 建立仿真电路

根据测量原理图建立仿真电路,如图 1.12(a) 所示。

(2) 测量 RC 一阶电路时间常数 τ

由仿真输出波形图(图 1.12(b))测量时间常数 τ。其中下方波形为电阻电压,在所选参数下,u_R 已接近微分脉冲波形。为了便于测量,可选取适当的 R,C 值,使得电容的输出波形不致过于陡峭。

(3) 观察和记录微分和积分电路输出波形

根据微分和积分电路的要求选取适当的 R,C 值,观察微分和积分电路的输出波形。

2. 硬件实验

(1) 测量 RC 一阶电路时间常数 τ

① 各参数选取如下:$R = 10 \text{ k}\Omega, C = 3\,300 \text{ pF}, U = 3 \text{ V}, f = 1 \text{ kHz}$,并通过两根同轴电缆线将激励源 u_S 和响应 u_C 的信号分别连至示波器的两个输入口 YA 和 YB,这时可在示波器的屏幕上观察到激励与响应 u_C 的变化规律,由波形图测量时

间常数 τ,描绘波形,将测量结果与计算值进行比较,分析误差原因。注意:做定量测定时,示波器上的 T/Div 和 V/Div 的微调旋钮应旋至"校准"位置(最左端),同时为防止外界干扰,函数信号发生器的接地端与示波器的接地端要连在一起(称共地)。

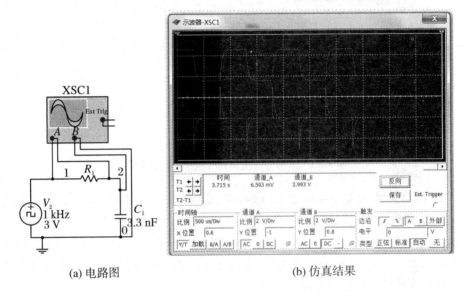

(a) 电路图   (b) 仿真结果

图 1.12 RC 一阶电路时间常数 τ 测量电路仿真图

② 继续增大电阻的值,定性观察其对 u_C 的影响。

(2) 微分和积分电路的观测

取 $R=100\ \Omega$,$C=0.01\ \mu F$,方波参数取值不变,以电阻 R 两端电压作为响应输出。此时构成微分电路,利用示波器观察,并记录激励与响应的波形图。

增减电阻的值,定性观察它对响应 u_R 的影响,并记录。

五、实验报告

① 完成时间常数 τ 的测量,并与计算的理论值比较。

② 描绘在微分和积分条件下,电路中 u_S,u_R,u_C 三者的波形图。

六、预习要求

① 复习 RC 一阶电路的相关知识。

② 理解微分和积分电路的波形图。

③ 复习示波器的使用方法。

七、思考题

① 什么样的电信号可作为 RC 一阶电路零输入响应、零状态响应和完全响应的激励信号？

② 怎样较准确地利用示波器在波形图上测量时间常数 τ？

实验四 　 RC 选频网络特性测试

一、实验目的

① 熟悉文氏电桥电路的结构特点及应用。
② 学会用高频毫伏表和示波器测定文氏电桥电路的幅频特性和相频特性。

二、实验仪器

函数信号发生器，双踪示波器，交流毫伏表，电路原理实验箱。

三、实验原理

1. 文氏电桥电路的幅频特性

图 1.13 所示的 RC 电路又称为文氏电桥电路，它具有优良的选频特性，常常在低频振荡电路中作为选频环节，可以获得纯度很高的正弦波电压。本实验以此为例来研究 RC 电路的网络传输函数。其中输入信号为正弦信号，并在实验中保持幅值固定不变，通过改变输入信号的频率 f，在示波器上测量不同频率下所对应的输出信号幅值，由此得出电路的幅频特性曲线。

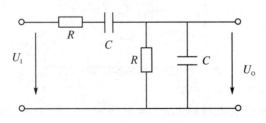

图 1.13 　 文氏电桥电路原理图

由文氏电桥电路原理图可得该电路的网络函数为

$$\frac{\dot{U}_O}{\dot{U}_I} = \frac{1}{3 + j(\omega RC - 1/(\omega RC))}$$

当角频率 $\omega = \omega_O = \frac{1}{RC}$，即 $f = f_O = \frac{\omega_O}{2\pi} = \frac{1}{2\pi RC}$ 时，$\frac{U_O}{U_I} = \left|\frac{\dot{U}_O}{\dot{U}_I}\right| = \frac{1}{3}$，幅频特性曲线如图 1.14 所示。其中 f_O 称为电路固有频率，且此时 U_O 与 U_I 同相位。

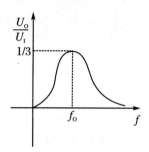

图 1.14　电路的幅频特性

2. 文氏电桥电路的相频特性

图 1.15 是在某一频率下测量输入和输出信号的相位差原理图，图中输入信号超前输出信号，τ 为两路信号的波形延迟时间，$\varphi = \frac{\tau}{T} \times 360° = \varphi_O - \varphi_I$。利用示波器，选择合适量程测量不同频率下对应的相位差，由此描绘出电路的相频特性曲线。

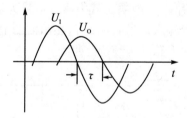

图 1.15　输入和输出信号的相位差

对图 1.13 做理论分析可得 $\tan \varphi = -\frac{\omega RC - 1/(\omega RC)}{3}$，当 $\omega = \omega_O = \frac{1}{RC}$ 时，$\tan \varphi = 0$，电路的相频特性曲线如图 1.16 所示。由图可见，当信号频率小于固有频率 f_O 时，输入信号超前输出信号，当信号频率大于固有频率 f_O 时，则相反。

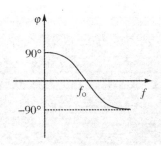

图 1.16　电路的相频特性

四、实验步骤

1. 仿真实验

（1）建立文氏电桥的仿真电路

根据文氏电桥电路的原理图建立仿真电路，如图 1.17 所示。

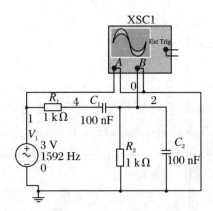

图 1.17　文氏电桥仿真电路

（2）文氏电桥电路幅频特性的测量

参考硬件实验中测量文氏电桥电路幅频特性所取的值，利用仿真软件测量相应的电压值，绘制幅频特性曲线。图 1.18 为输入信号频率取 f_0 时的波形图。

（3）文氏电桥电路相频特性的测量

仍采用以上电路参数和各频率值，利用仿真软件测量输入和输出信号的相位差，绘制相频特性曲线。

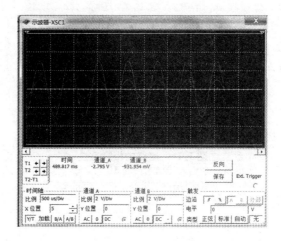

图1.18 输入与输出信号仿真波形图

2. 硬件实验

(1) 测量文氏电桥电路的幅频特性

① 在实验箱上按图1.13所示电路选取 $R=1\ \text{k}\Omega, C=0.1\ \mu\text{F}$。

② 调节信号源输出电压为3 V的正弦信号,接入图1.13的输入端。

③ 改变信号源的频率 f,并保持 $U_1=3\ \text{V}$ 不变,测量输出电压 U_O(可先测量 $U_O/U_1=1/3$ 时的频率 f_O,然后再在 f_O 左右设置其他频率点测量 U_O)。

④ 信号频率可选取 100 Hz,400 Hz,1 000 Hz,f_O,3 000 Hz,6 000 Hz,12 000 Hz,24 000 Hz,48 000 Hz。实验表格自拟,绘制出电路的幅频特性曲线。

(2) 测量文氏电桥电路的相频特性

电路参数的选取及频率与上述相同,实验表格自拟,绘制出电路的相频特性曲线。由于信号源内阻的影响,注意在调节频率时,输入信号幅值略有变化,要及时调整,使测量时电路的输入电压幅值始终保持不变。

五、实验报告

① 完成文氏电桥电路幅频特性和相频特性的测量和计算,绘制出幅频特性和相频特性曲线。

② 观察所绘曲线图,思考文氏电桥电路幅频特性和相频特性的规律以及网络函数的意义。

六、预习要求

① 复习网络函数的知识,推导文氏电桥电路的幅频特性和相频特性公式。

② 思考如何由波形图计算两个信号的相位差。
③ 实验前设计好实验表格。

七、思考题

① 由幅频特性曲线能看出该电路有何滤波特性？
② 图 1.15 中，当输入信号滞后于输出信号时，波形有何变化？

第二章　线性电子线路实验

一、实验课程简介

"电子线路"是一门应用性较强的电子技术基础课程,线性电子线路实验是它的实践性教学环节。通过放大器静态工作点和放大倍数的测量,晶体管放大器输入、输出阻抗的测量和频响特性等六个实验项目,使学生理论结合实践,初步具备线性电子线路的分析、设计和调试能力,并具有使用电子仪器进行调整、排除简单故障和测试的基本技能,切实提高实际动手能力,培养严谨求实的工作作风,为后继的电气信息实践类课程的学习及对当今社会发展的适应打下基础。

二、TPE-3A 模拟电路实验箱

TPE-3A 模拟电路实验箱采用了两用板工艺,正面贴膜,印有原理图和符号,反面为印制导线并焊有相应的元器件,需要测量及观察的部分装有自锁紧式插件,配合信号发生器、示波器等仪器仪表,可以完成 20 多种模拟电子线路实验。

三、EWB 5.0 操作简介

1. EWB 的启动

EWB 仿真软件无需安装,直接双击相应目录(通常目录是 EWB50)中的可执行文件(WEWB32.EXE)图标即可。

2. 电路的建立

(1) 选取元器件

在工具栏中打开建立电路所需元件的元件库,找到相应元件并拖曳到 EWB 工作平台。双击该元件可以修改其参数和命名,单击可对其进行复制、剪切、删除、旋转等操作。

(2) 连接

用鼠标点住元器件某一管脚,移动鼠标至另一元器件管脚,放开鼠标即可完成连接。

(3) 仪器、仪表

EWB 提供了电压表、电流表和示波器,双击电压表和电流表后可设定表的交流或直流模式,单击可对元器件进行操作。双击示波器可以将其打开,观察波形,再点击 Expand 可以展开。

3．仿真

（1）直流电位

各结点直流电位可以通过点击仿真按钮用直流电压表观测,也可以经下列步骤实现:点击工具栏中 Circuit/Schematic Options,在 Show Nodes 选择项中打勾选中,返回主菜单,选择 Analysis/Analysis Options,即可看到各结点电位。

（2）动态测量与观察

① 启动仿真后,双击示波器可以观察输入、输出波形。在不失真的条件下,可以通过比较输入、输出两个通道的波形大小,估算出输出对输入的比,进而得到传输系数。

② 不失真时,直接用交流电压的输出值比输入值。

实验一 放大器静态工作点和放大倍数的测量

一、实验目的

① 熟悉电子元器件和模拟电路实验箱。
② 掌握放大器静态工作点的调试方法及其对放大器性能的影响。
③ 学习测量放大器静态 Q 点、A_V 的方法,理解共发射极放大电路特性。

二、实验仪器

模拟实验电路箱,示波器,信号发生器,交流毫伏表,万用表。

三、实验原理

共发射极放大电路如图 2.1 所示。静态工作点位置偏高,容易发生饱和失真,而偏低又容易产生截止失真。改变上偏流电阻可以改变基极电流 I_B,而集电极电流 $I_C = \beta I_B$ 随之改变,造成 $V_{CE} = V_{CC} - R_C I_C$ 改变,这是调整静态工作点时常用的方法。使工作点位于放大区中部,以实现最大不失真放大,这称为静态工作点的调整。

通过测出 V_I、V_O 的值,可以得到电压放大倍数 A_V:

$$A_V = \frac{V_O}{V_I} \qquad (2.1)$$

注:若 V_I 调节困难,接通图 2.1 中 R 电阻,可对电源采用分压电路。在输入电

阻 $R_I \gg R$ 条件下，R 对 V_S 分压为 1/100。

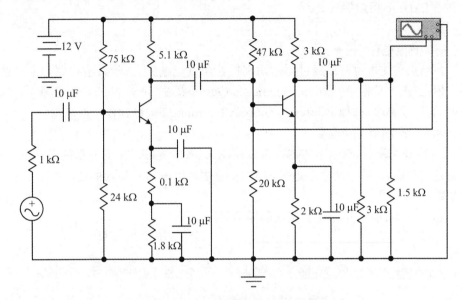

图 2.1　共发射极放大电路

四、实验内容及步骤

1. 仿真实验

（1）连接电路

按图 2.1 连接电路。

（2）静态工作点测试与调整

① 测量当前静态工作点。

② 改变上偏流电阻，观察静态工作点的改变。

③ 调整静态工作点于放大器中部。

（3）动态分析

① 观察输入、输出波形。

② 观察静态工作点移动对波形的影响。

③ 观察静态工作点移动对电压放大倍数的影响。

④ 观察 R_C 和 R_L 对电压放大倍数的影响。

2. 硬件实验

（1）连接电路

① 用万用表初步判别实验箱中晶体三极管各极和三极管好坏。

② 按图 2.1 所示连接电路（注意：接线前先测量 +12 V 电源是否正常，关断电

源后再接线),将 R_P 调到电阻最大位置。

③ 接线后仔细检查,确认无误后接通电源。

(2) 静态调整

调整 R_P,使 $V_E = 1.9 \sim 2.1$ V,测量 V_{BE},V_{CE},V_B 和 V_C。将测量结果填入表2.1,并根据所测量值判断电路连接是否正确,三极管是否工作于放大状态。

表 2.1 直流电位测量

V_E(V)	V_{BE}(V)	V_{CE}(V)	V_B(V)	V_C(V)

(3) 动态研究

① 信号源接到放大器输入端,调节输出幅值 $V_S(f=1\text{ kHz})$,使 $V_I = 3$ mV 左右。断开负载,用示波器观察 V_O 的波形,在不失真的条件下测量并记录于表2.2中。

表 2.2 放大倍数测量

V_I(mV)	V_O(mV)	A_{VS}	A_V

② 放大器接入负载 R_L,改变 R_C 和 R_L 阻值,在不失真的条件下测量 V_O 并将结果填入表2.3。

表 2.3 R_L,R_C 对放大倍数的影响

R_C	R_L	V_I(mV)	V_O(mV)	A_V
5.1 kΩ	∞			
5.1 kΩ	5.1 kΩ			
3 kΩ	∞			

③ 信号源频率不变,逐渐加大幅值,观察 V_O 不失真时的最大值 $V_{O_{max}}$,并测量 $V_{I_{max}}$ 值,填入表2.4,并与表2.2中数据做比较。

表 2.4 最大不失真输入

$V_{I_{max}}$(mV)	$V_{O_{max}}$(mV)	A_{VS}	A_V

④ 分别在合适、较大、较小情况下,逐步增大 V_I(直到发生失真),观察 V_O 失真情况,将结果填入表2.5。

表 2.5　静态工作点与失真

R_P 值	输出波形失真情况	原　　因
合适		
较大		
较小		

五、实验报告

① 用相应公式说明 R_C，R_L 的改变对放大倍数 A_V 的影响。

② 分析 R_P 的改变对输出波形的影响，说明最大不失真输出与静态工作点设置间的关系。

六、预习要求

① 静态工作点的近似估算。

② 电压放大倍数的理论计算。

③ 共发射极放大电路的基本特点。

七、思考题

① 如何根据所测量三极管的三个极的电位，判别三极管是否工作于放大区？

② 输入、输出波形各有什么特点？

③ 为什么改变静态电流会改变电压放大倍数？

④ 根据仿真结果，输出电压不失真幅值最大时，静态电流大致是多少？

⑤ 是否会发生无论怎样调节 R_P 都无法消除失真的情况？

实验二　晶体管放大器输入/输出阻抗的测量和频响特性

一、实验目的

① 掌握放大器频响特性和输入/输出电阻的测量方法。

② 了解阻容耦合共发射极放大电路的幅频特性。

二、实验仪器

模拟实验电路箱，示波器，信号发生器，交流毫伏表，万用表。

三、实验原理

输入电阻和输出电阻是放大器的重要性能指标之一,决定了放大器对信号源的要求和带负载的能力。理论上可以通过计算得到这些参数,工程上则可以用测量方法获得。对于如图 2.1 所示的单管共发射极放大电路,输入电阻 R_I、输出电阻 R_O 可分别表示为

$$R_\mathrm{I} = (R_{\mathrm{B}_1} + R_\mathrm{P}) // R_{\mathrm{B}_2} // r_{\mathrm{be}} \tag{2.2}$$

$$R_\mathrm{O} = R_\mathrm{C} \tag{2.3}$$

放大器对于信号源相当于一个负载,该关系用方框图表示如图 2.2(a)所示,可以看出,输入电阻 R_I 满足以下关系:

$$R_\mathrm{I} = \frac{R_\mathrm{S} V_\mathrm{I}}{V_\mathrm{S} - V_\mathrm{I}} \tag{2.4}$$

通过分别测出信号源输出有效值 V_S、输入电压有效值 V_I,可以计算出输入电阻。同理,放大器对于负载相当于一个电源,如图 2.2(b)所示,当测得其空载输出电压 $V_{\mathrm{O}\infty}$ 和负载 R_L 两端电压 V_O 时,可以计算输出电阻 R_O:

$$R_\mathrm{O} = \left(\frac{V_{\mathrm{O}\infty}}{V_\mathrm{O}} - 1\right) R_\mathrm{L} \tag{2.5}$$

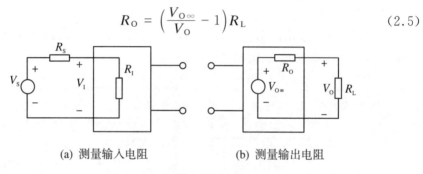

(a) 测量输入电阻　　　　(b) 测量输出电阻

图 2.2　测量电阻的原理图

受耦合电容影响,频率过低时放大倍数会降低;受晶体管极间电容影响,频率过高时放大倍数也会降低。在中频段,耦合电容和极间电容的影响都可以略,放大倍数为一常数。我们把放大倍数下降到中频放大倍数的 $1/\sqrt{2}$ 倍对应的频率,分别称为下限频率 f_L 和上限频率 f_H。改变信号的频率,求得不同频率下的放大倍数,可以得到放大器的下限频率 f_L 和上限频率 f_H 的值。

四、实验内容

1. 仿真实验

(1) 连接电路

按图 2.1 连接电路,调节 R_P,使静态电流 I_E 约为 1 mA。

(2) 输入、输出电阻测量

① 输出端接入示波器,启动仿真,观察波形。若波形不好,调节 R_P。

② 输入、输出端接入电压表,双击后修改为交流电流表,启动仿真,在不失真的条件下读取输入电压 V_I,计算出输入电阻。读取 V_O,$V_{O\infty}$,计算出输出电阻。

(3) 频率响应

考虑到仿真中软件中的晶体管极间电容为 0,为此在三个极间都并联一个小电容,用于模拟实际三极管中的极间电容,如图 2.3 所示。点击工具栏中 Circuit/Schematic Options,在 Show Nodes 选择项中打勾选中。返回主菜单,选择 Analysis/AC Frequency…,选择频率范围,设定横坐标和纵坐标类型,确定需要分析的电路结点,点击 Simulate,仿真结果如图 2.4 所示。继续点击频率响应仿真图形上方按钮 Toggle Grid,可以增加网格线;点击 Toggle Cursors,可以出现游标,利用游标可以粗略判别下限频率 f_L 和上限频率 f_H。

2. 硬件实验

(1) 静态电流设定

按图 2.1 连接电路,调节 R_P,使 $V_E = 1.9$ V。

(2) 交流观察与测量

① 观察输入、输出波形。输入 1 kHz 正弦信号,调节 V_S 输出幅值,使 V_I 为 3 mV。用示波器观察输入、输出波形,并记录之。

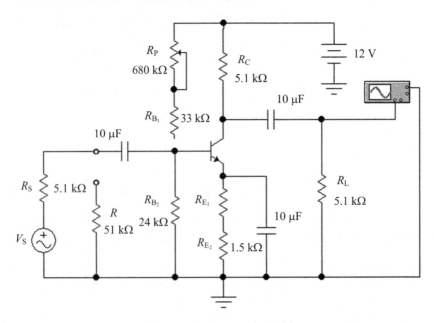

图 2.3 共发射极放大电路高频段模拟电路

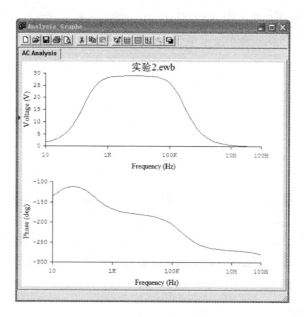

图 2.4　共发射极放大电路的频率响应

② 输入电阻的测量。用交流毫伏表分别测出 V_S，V_I，填入表 2.6，计算出输入电阻。（注意：测量时应始终用示波器观察波形，以保证测量正确）

③ 输出电阻的测量。输入 1 kHz 的正弦波信号，$V_I = 3$ mV，在输出端接入负载 5.1 kΩ，用示波器观察图形，记录数值，并计算输出电阻。

表 2.6　输入、输出电阻测量

V_S(mV)	V_I(mV)	R_I(kΩ)	$V_{O\infty}$(mV)	V_O(mV)	R_O(kΩ)

（3）幅频特性测量

输入约为 3 mV 的电压 V_I，改变信号源频率 f，测量出对应的输出电压值，记在表 2.7 中，求出 $A_V(\omega)$，用逐点法做出 $A_V(f)$-lg(f) 关系的波特图（幅频特性曲线），求出下限频率 f_L、上限频率 f_H 和通频带 $BW_{0.7}$。

表 2.7　幅频特性测量

f(kHz)	0.1	0.2	0.5	1	2	5	20	50	100
V_I(mV)									
V_O(mV)									

续表

f(kHz)	0.1	0.2	0.5	1	2	5	20	50	100
A_V									
f(kHz)	200	350	500	…					
V_I(mV)									
V_O(mV)									
A_V									

注：将输入、输出信号同时送入示波器，通过示波器测量功能计算放大倍数。

五、实验报告

① 比较测量输入、输出电阻与理论计算结果间的差异，求出相对误差。
② 测量幅频特性时，应注意在拐点多做一些点。

六、预习要求

① 估算输入、输出电阻理论值。
② 如何根据幅频特性确定下限频率 f_L 和上限频率 f_H，如何确定通频带？
③ 在已知耦合电容、三极管极间电容的条件下，推出下限频率 f_L 和上限频率 f_H 的表达式。

七、思考题

① 除用式(2.5)求输出电阻外，还可以怎么做？
② 通过仿真，分别指出影响下限频率和上限频率的主要电容。

实验三 差动放大器

一、实验目的

① 掌握差动放大器的调试方法。
② 掌握差模电压放大倍数 A_D 和共模电压放大倍数 A_C 的测量方法。

二、实验仪器

模拟实验电路箱，双踪示波器，数字万用表，信号发生器，交流毫伏表。

三、实验原理

在放大变化比较缓慢的信号时,通常采用的是直接耦合方式,但存在的问题是级间电平配置和零点漂移。为解决零点漂移(零漂),在电路的输入级多采用差动放大电路,即两个结构相同的共发射极放大电路通过射极耦合后构成差动放大电路。它对共模信号有很强的抑制能力,能有效地克服零漂。显然,对称性越好,抑制能力越强。完全对称的电路很难实现,为此在实用电路中通常增加 R_P 电阻,以调节 V_{C_1},V_{C_2},使两者相等,如图 2.5 所示。

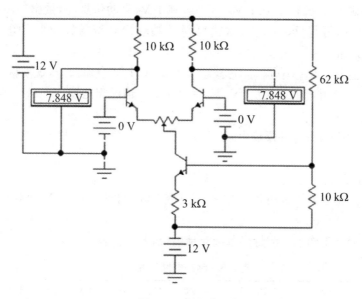

图 2.5 差分放大电路

差分放大器的输入可以是交流小信号,也可以是直流形式的差分信号。在图 2.5 中,设静态时 $V_{I_1} = V_{I_2} = 0$,$V_{C_1} = V_{C_1Q}$,$V_{C_2} = V_{C_2Q}$。则对于输入端有:$\Delta V_{I_1} = V_{I_1} - 0 = V_{I_1}$,$\Delta V_{I_2} = V_{I_2} - 0 = V_{I_2}$;对于输出端有:$\Delta V_{O_1} = \Delta V_{C_1} = V_{C_1} - V_{C_1Q}$,$\Delta V_{O_2} = \Delta V_{C_2} = V_{C_2} - V_{C_2Q}$;相应差模输入为 $\Delta V_{ID} = \Delta V_{I_1} - \Delta V_{I_2}$;差模输出为 $\Delta V_{OD} = \Delta V_{O_1} - \Delta V_{O_2}$。根据差模增益定义,单端输出差模电压增益 A_{VD_1},A_{VD_2} 分别为

$$A_{VD_1} = \Delta V_{O_1} / \Delta V_{ID} \tag{2.6}$$

$$A_{VD_2} = \Delta V_{O_2} / \Delta V_{ID} \tag{2.7}$$

双端输出差模电压增益为

$$A_{VD} = \Delta V_{OD} / \Delta V_{ID} \tag{2.8}$$

当输入信号为共模信号 $\Delta V_{IC} = (\Delta V_{I_1} + \Delta V_{I_2})/2$ 时,则输出为共模输出 $\Delta V_{OC} = (\Delta V_{O_1} + \Delta V_{O_2})/2$,按共模增益定义有

$$A_{\text{VC}} = \Delta V_{\text{OC}} / \Delta V_{\text{IC}} \tag{2.9}$$

四、实验内容及步骤

1. 仿真实验

（1）连接电路

按图 2.5 连接电路，输入端电压源调节为 0，启动仿真，观察各节点电位，记录 V_{CQ_1}，V_{CQ_2} 值。

（2）差模电压放大倍数

① 双端输入。使 $V_{\text{I}_1} = 0.1 \text{ V}$，$V_{\text{I}_2} = -0.1 \text{ V}$，启动仿真，测量出 $V_{\text{C}_1} = V_{\text{O}_1}$，$V_{\text{C}_2} = V_{\text{O}_2}$，从而可得 V_{O_1}，V_{O_2}，做比可得单端输出和双端输出时的电压增益 A_{VD_1}，A_{VD_2}，A_{VD}。

② 单端输入。$V_{\text{B}_2} = 0$ 保持不变，输入 $V_{\text{I}_1} = 0.1 \text{ V}$ 直流信号，观察输出，求出 A_{VD_1}，A_{VD_2}，A_{VD}，并与 $V_{\text{I}_1} = 0.1 \text{ V}$，$V_{\text{I}_2} = -0.1 \text{ V}$ 情况相比较。

（3）共模输出

输入共模信号，观察共模输出。

2. 硬件实验

（1）静态工作点

① 调零。将输入端短路并接地，接通直流电源，调节电位器 R_P 使双端输出电压 $V_\text{O} = 0$。

② 测量静态工作点。测量出各级对地电位，并填入表 2.8 中。

表 2.8 静态电位测量

电 位	V_{C_1}	V_{C_2}	V_{C_3}	V_{B_1}	V_{B_2}	V_{B_3}	V_{E_1}	V_{E_2}	V_{E_3}
测量值(V)									

（2）差模电压放大倍数

在输入端分别加入 $V_{\text{I}_1} = 0.1 \text{ V}$，$V_{\text{I}_2} = -0.1 \text{ V}$ 和 $V_{\text{I}_1} = -0.1 \text{ V}$，$V_{\text{I}_2} = 0.1 \text{ V}$ 直流信号，测量出 V_{O_1}，V_{O_2}，并记录于表 2.9 中。由测量数据可算出单端和双端输出的电压放大倍数。

表 2.9 差模输入测量及计算值　　　　（电压单位：V）

ΔV_{ID}	V_{O_1}	V_{O_2}	ΔV_{O_1}	ΔV_{O_2}	ΔV_{OD}	A_{VD_1}	A_{VD_2}	A_{VD}
0.2								
−0.2								

(3) 共模电压放大倍数

将差分放大器两个输入端短接,接至可调直流电压源,分别调节 $V_{I_1} = V_{I_2} = 0.1\text{ V}$ 和 $V_{I_1} = V_{I_2} = -0.1\text{ V}$,测量后填入表 2.10。可由测量数据算出单端和双端输出共模电压放大倍数和共模抑制比 $K_{CMR} = |A_{VD}/A_{VC}|$。

表 2.10 共模输入测量及计算值 (电压单位:V)

ΔV_{IC}	V_{O_1}	V_{O_2}	ΔV_{O_1}	ΔV_{O_2}	ΔV_{OC}	A_{VC_1}	A_{VC_2}	A_{VC}
0.1								
-0.1								

(4) 单端输入

① 将图 2.5 中 T_2 管基极接地,组成单端输入差分放大器,从 T_1 管基极 B_1 端输入直流信号 $V_{I_1} = \pm 0.1\text{ V}$,测量单端及双端输出电压值,填入表 2.11。计算出单端输入时的单端及双端输出的差模电压放大倍数,并与双端输入方式做比较。

② 从 B_1 端加入正弦交流 $V_S = 50\text{ mV}(f = 1\text{ kHz})$ 信号分别测量、记录单端及双端输出电压,填入表 2.11,计算出单端及双端的差模放大倍数。

表 2.11 单端输入测量及计算值 (电压单位:V)

	V_{C_1}	V_{C_2}	ΔV_{C_1}	ΔV_{C_2}	ΔV_{OD}	A_{VD_1}	A_{VD_2}	A_{VD}
$V_{I_1} = 0.1$								
$V_{I_1} = -0.1$								
$V_S = 0.05$								

注:输入交流信号时,用示波器监视 V_{C_1},V_{C_2} 波形,若有失真现象,可减小输入电压值,直至 V_{C_1},V_{C_2} 都不失真为止。

五、实验报告

① 根据实测数据计算出图 2.5 所示电路的静态工作点,并与预习计算结果相比较。

② 整理实验数据,计算出各种接法的 A_{VD},并与理论计算值相比较。

③ 计算实验步骤硬件实验(3)中 A_{VC} 和 K_{CMR} 值。

六、预习要求

① 写出不同输入、输出方式下的差模增益 A_{VD} 表达式。

② 列出理想状态下双端和单端共模抑制比的表达式。

七、思考题

① 软件中 $\beta = 100$,根据图 2.5 计算出差模电压放大倍数 A_{VD},并与仿真结果比较。

② 利用仿真软件测出输入和输出电阻。

③ 仿真中为什么共模抑制比趋于无穷大?

实验四 负反馈放大器

一、实验目的

① 研究负反馈放大器性能的影响。
② 掌握反馈放大器性能的测试方法。

二、实验仪器

模拟实验电路箱,双踪示波器,信号发生器,交流毫伏表。

三、实验原理

为了改善放大器性能指标,通常以降低放大倍数为代价,在放大器中引入负反馈。分析反馈放大器的基本方法是方框图法,即将反馈放大器分解为基本放大器与反馈网络两个部分,求出基本放大器增益 A 后,再由反馈放大器中基本关系求得反馈放大器增益 A_F。本实验反馈类型为电压串联交流负反馈,其电路如图 2.6 所示,考虑反馈网络负载效应后的基本放大器如图 2.7 所示。在电压串联负反馈中,闭环电压增益 A_{VF} 可表示为

$$A_{VF} = A_V/(1 + k_{FV}A_V) \tag{2.10}$$

其中,A_V 是基本放大器电压增益,k_{FV} 是反馈系数。输入电阻 R_{IF} 表示为

$$R_{IF} = R_I(1 + k_{FV}A_V) \tag{2.11}$$

其中,R_I 是基本放大器输入电阻,而输出电阻 R_{OF} 表示为

$$R_{OF} = R_O(1 + k_{FV}A_{VST}) \tag{2.12}$$

其中,R_O 是基本放大器输出电阻,A_{VST} 是负载开路时的源电压增益。由式(2.10)、式(2.11)、式(2.12)可知,电压串联负反馈以降低电压增益为前提,增大了输入电阻,减小了输出电阻。另外,在深度负反馈下,$A_{VF} = 1/k_{FV}$。本实验可以验证上述结论。

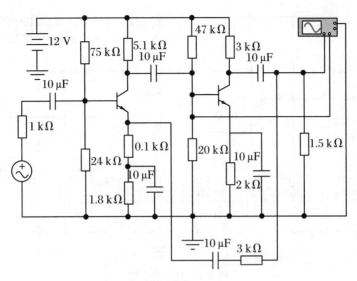

图 2.6 负反馈放大器

四、实验内容

1. 仿真实验

① 连接电路,计算静态电流。

② 计算开环电压增益。根据多级放大器增益的计算方法(后级的输入电阻就是前级的负载电阻),分别计算图 2.7 前级和后级的电压增益,进而求得开环增益 A_V,并与仿真测量相比较。

③ 计算基本放大器输入、输出电阻。代入式(2.11)、式(2.12)计算 R_{OF},R_{IF},并与仿真结果做比较。

④ 设反馈满足深度负反馈条件,估算 A_{VF}。

2. 硬件实验

(1) 负反馈放大器开环和闭环放大倍数的测试

A. 基本放大器:

① 按图 2.7 接线,考虑反馈网络的负载效应,R_F 接在输出端更好些(为什么?)。

② 输入端接入 $V_I=1\text{ mV}, f=1\text{ kHz}$ 的正弦波(输入信号采用输入端衰减法,具体见实验一)。调整接线和参数使输出不失真且无振荡。

③ 按表 2.12 要求进行测量。

④ 根据实测值计算开环放大倍数、输入电阻 R_I 和输出电阻 R_O。

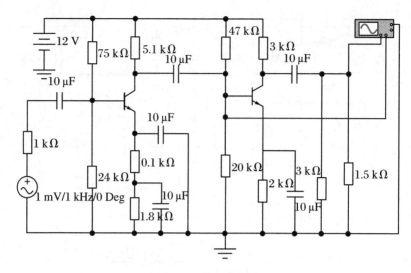

图 2.7 基本放大器

B. 反馈放大器:

① 将电路连接为图 2.6,调整电路。

② 按表 2.12 要求测量输出电压 V_O、反馈电压 V_F,计算开环和闭环电压增益 A_V/A_{VF}、输入电阻 R_I/R_{IF}、输出电阻 R_O/R_{OF}。

表 2.12 $V_O, V_F, A_V/A_{VF}, R_I/R_{IF}, R_O/R_{OF}$ 测量和计算一览

	$R_L(\mathrm{k}\Omega)$	$V_F(\mathrm{mV})$	$V_O(\mathrm{mV})$	A_V/A_{VF}	$R_I/R_{IF}(\mathrm{k}\Omega)$	$R_O/R_{OF}(\mathrm{k}\Omega)$
开环	∞	/				
	1.5	/				
闭环	∞					
	1.5					

③ 根据实测结果,验证 $A_{VF} \approx 1/k_{FV}$。

(2) 负反馈对失真的改善作用

① 将图 2.6 电路开环,逐步加大 V_I 的幅值,使输出信号出现失真(注意不要过分失真),记录失真波形幅值。

② 将电路闭环,观察输出情况,并适当增加 V_I 幅值,使输出幅值接近开环时失真波形幅值。

③ 若 $R_F = 3 \mathrm{k}\Omega$ 不变,但 R_F 接入 T_1 管基极,会出现什么情况?用实验验证之。

④ 画出上述各步实验的波形图。
注：理论上有 $k_{FV} = R_{E_1}/(R_{E_1} + R_F)$。

五、实验报告

① 硬件实验中开、闭环电压增益是否满足式(2.10)，求出相对误差。
② 将实验值与理论值比较，分析误差产生的原因（β 值可用电流表分别串入基极和集电极回路，测量基极电流 I_B 和集电极电流 I_C，做比获取）。
③ 根据实验内容总结负反馈对放大电路的影响。

六、预习要求

① 预习引入负反馈有的优点。
② 预习如何辨别反馈类型是否为电压串联负反馈。
③ 预习深度负反馈的概念，以及在本实验中使用该条件获得 A_{VF} 的方法。

七、思考题

① 引入串联负反馈，输入电阻增大，这个增大是指反馈环内电阻增大，反馈环外电阻不改变。在图 2.6 中，使用式(2.11)时，应如何考虑？
② 如何利用仿真软件测得反馈系数？

实验五　集成运算放大器运算电路

一、实验目的

① 掌握用集成运算放大器组成的比较、求和电路的特点及性能。
② 学会上述电路的测试和分析方法。

二、实验仪器

模拟电路实验箱，数字万用表，示波器，信号发生器。

三、实验原理

集成运算放大器因其增益高、输入电阻大、输出电阻小、共模抑制比高而被广泛应用于各种电路中。采用不同的外围电路和元件，引入不同类型的反馈，可以构成不同类型的电路，如比例运算电路、求和电路、微分和积分电路。

1. 反相比例运算电路

反相比例运算电路如图 2.8(a)所示,输入、输出满足以下关系:

$$V_O = -\frac{R_F}{R}V_I \tag{2.13}$$

2. 同相比例运算电路

同相比例运算电路如图 2.8(b)所示,输入、输出满足关系:

$$V_O = \left(1 + \frac{R_F}{R}\right)V_I \tag{2.14}$$

3. 反相求和电路

反相求和电路如图 2.8(c)所示,输入、输出满足以下关系:

$$V_O = -\frac{R_F}{R_1}V_{I_1} - \frac{R_F}{R_1}V_{I_2} \tag{2.15}$$

4. 双端输入求和运算电路

双端输入求和运算电路如图 2.8(d)所示,输入、输出满足以下关系:

$$V_O = -\frac{R_F}{R}V_{I_1} + \left(1 + \frac{R_F}{R}\right)\frac{R_2}{R_1+R_2}V_{I_2} \tag{2.16}$$

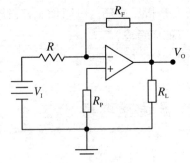
(a) 反相比例运算

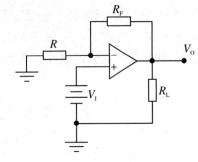
(b) 同相比例运算

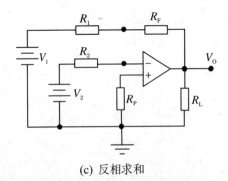
(c) 反相求和   (d) 双端输入求和

图 2.8 反相比例运算、同相比例运算、反相求和与双端输入求和

5. 积分和微分运算电路

积分运算电路、微分运算电路分别如图2.9(a)、图2.9(b)所示。利用运放特性可以推出积分电路输出与输入满足以下关系：

$$V_O = -\frac{1}{RC}\int_0^t V_I(\tau)d\tau \tag{2.17}$$

此处假设电容 C 起始电压为0。将 R,C 互换，则构成如图2.9(b)所示的有源微分运算电路，其输出、输入关系为

$$V_O = -RC\frac{dV_I}{dt} \tag{2.18}$$

利用微分、积分运算电路可以实现波形变换。

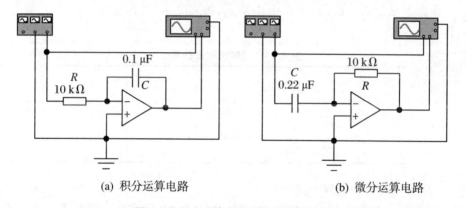

(a) 积分运算电路　　　　　　　(b) 微分运算电路

图 2.9　积分运算电路和微分运算电路

四、实验内容

1. 仿真实验

(1) 验证式(2.13)~式(2.16)

取 $R_F = 100\text{ k}\Omega$，$R_1 = R_2 = R = 10\text{ k}\Omega$，按图2.8连接各电路，选取合适的输入信号 V_I，接入直流电压表，观察输出，验证式(2.13)~式(2.16)。

(2) 积分运算电路

① 在图2.9(a)中，取 $R = 10\text{ k}\Omega$，$C = 0.1\text{ }\mu\text{F}$。双击信号发生器，调节方波输出幅值为1 V、频率为200 Hz，用双踪示波器观察输出波形。

② 将输出方波改为正弦波，观察输入、输出波形的相位，并与理论相位比较。

(3) 微分运算电路

将 R,C 互换，构成如图2.9(b)所示的微分电路，输入幅值为1 V、频率为200 Hz正弦波时，观察输出波形幅值和相位，并与理论比较。

2. 硬件实验

(1) 比例运算电路

取 $R_F = 100 \text{ k}\Omega, R_1 = R_2 = R = 10 \text{ k}\Omega$,分别按图 2.8(a)、图 2.8(b)连接电路,进行测量,并将结果填入表 2.13 中。

表 2.13 反相/同相比例运算测量

	$V_1(V)$	0	0.1	0.5	1	2
V_O	理论值(V)					
	实测值(V)					
	相对误差					

(2) 双端求和运算电路

实验电路如图 2.8(c)、图 2.8(d)所示,按表 2.14 内容进行实验测量,并与预习计算值比较。

表 2.14 双端求和运算电路

	$V_{I_1}(V)$	0.3	−0.3	0.2
	$V_{I_2}(V)$	0.2	0.2	−0.2
V_O	理论值(V)			
	实测值(V)			

(3) 积分与微分运算电路

取 $R = 10 \text{ k}\Omega, C = 0.1 \text{ μF}$,分别按图 2.9(a)、图 2.9(b)连接电路。输入 $f = 200 \text{ Hz}$、幅值为 1 V 的正弦波,观察积分和微分运算电路的输出波形,记录幅值和相差,做出输入、输出波形图;在输入方波时,定性画出输入、输出波形。

五、实验报告

① 总结本实验图 2.8 中四种基本运算电路的特点及性能。
② 输入正弦信号时,积分和微分运算电路输出波形特征分别是什么?
③ 分析理论计算与实验结果误差产生的原因。

六、预习要求

① 利用"虚短""虚断"推出各种求和运算电路表达式。
② 在硬件实验中,反相比例运算电路中,$R_F = 100 \text{ k}\Omega, R = 10 \text{ k}\Omega$,当输入 $V_I = 2$ V 时,$V_O = 13$ V,这是什么原因?

七、思考题

① 如何利用同相求和运算电路推出输出与输入关系表达式?

② 积分运算电路输出三角波的斜率与时间常数 RC 间有什么关系?
③ 用微分运算电路输入理想方波时,输出应是什么波形? 仿真观察之。

实验六　波形发生电路

一、实验目的

① 掌握波形发生电路的特点和分析方法。
② 熟悉波形发生电路设计方法。

二、实验仪器

模拟电路实验箱,双踪示波器,数字万用表。

三、实验原理

1. 方波发生电路

典型的方波发生器如图 2.10 所示。图中 R, C 为定时元件,根据反相和同相输入端电位的高低,运放输出高电平 V_{OH} 或低电平 V_{OL}。由图 2.10 可知,当输出为 V_{OH} 时,运放对应的翻转电平称为上门限电平 V_{IH},可表示为

$$V_{IH} = \frac{R_2}{R_1 + R_2} V_{OH} \tag{2.19}$$

同理输出低电平时,对应的翻转电平称为下门限电平 V_{IL},表示为

$$V_{IL} = \frac{R_2}{R_1 + R_2} V_{OL} \tag{2.20}$$

当 $t=0$ 时,设运放输出 $V_O = V_{OH}$,且电容 C 起始电压为 0,这时 V_{OH} 经 R 对 C 充电,电容电压 V_C 按指数规律增加,当 $V_C = V_{IH}$ 时,电路开始翻转,运放输出由 V_{OH} 转为 V_{OL}。V_{OL} 为负值,C 通过 R 放电,V_C 按指数规律下降,直到 $V_C = V_{IL}$ 时,电路再次翻转,由低电平转为高电平。周而复始,形成方波输出。可以证明,振荡周期为

$$T = 2RC\ln\left(1 + \frac{2R_2}{R_1}\right) \tag{2.21}$$

2. 三角波发生电路

将滞回比较器与积分运算电路组合在一起,可以构成如图 2.11 所示的三角波发生电路。可以看到,图 2.10 所示方波发生器中的 RC 充、放电回路在图 2.11 电路中用积分运算电路取代,滞回比较器和积分运算电路的输出互为另一个电路的

输入。可以推出三角波的幅值就等于 $V_Z + V_D(\text{on})$,而振荡周期 T 的表达式为

$$T = \frac{4R_1RC}{R_2} \tag{2.22}$$

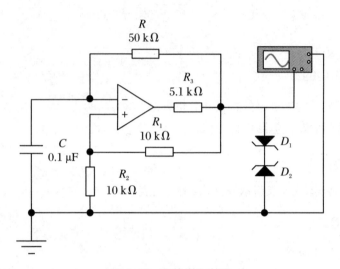

图 2.10　方波发生电路

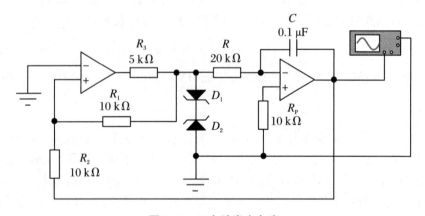

图 2.11　三角波发生电路

四、实验内容

1. 仿真实验

① 按图 2.10 连接电路,用双踪示波器同时观察 V_O、V_C 波形。

② 改变 R、C、R_1、R_2,观察对方波周期产生的影响。

③ 按图 2.11 连接电路,用双踪示波器同时观察 V_{O_1},V_O 波形,通过仿真决定三角波输出幅值的参数。

④ 设计一个锯齿波发生电路。

2. 硬件实验

(1) 方波发生电路

① 按图 2.10 连接电路,观察 V_C,V_O 波形。

② 分别测出 $R=10 \text{ k}\Omega$ 和 $R=20 \text{ k}\Omega$ 时的频率、输出幅值,与理论值比较。

(2) 三角波发生电路

① 按图 2.11 连接电路,分别观察滞回比较电路和积分运算电路的输出波形并记录。

② 改变电路参数 $C=0.1 \text{ }\mu\text{F} \rightarrow 0.22 \text{ }\mu\text{F}$,$R_2=10 \text{ k}\Omega \rightarrow 20 \text{ k}\Omega$,利用示波器测量三角波周期,验证式(2.22)。

③ 测出三角波幅值,与推出的三角波输出幅值表达式比较。

五、实验报告

① 画出实验所观察的各波形。

② 总结波形发生电路的特点。

六、预习要求

① 利用一阶电路的三要素法,推出方波发生器周期 T 的表达式。

② 在图 2.10 仿真中,电容 V_C 波形是三角波吗?试分析其与图 2.11 中电容的 V_C 波形不同的原因。

③ 在三角波发生器的基础上,设计一个锯齿波发生电路。

七、思考题

① 如何设计一个占空比可调的矩形波发生器?

② 在方波发生器前面加一个积分运算电路,是否可以构成一个三角波发生器?

③ 分析图 2.11 三角波发生器的工作原理,推出三角波输出幅值的表达式。

第三章 数字电路实验

一、实验课程简介

"数字电路"是电子信息类专业的专业基础课程,数字电路实验是它的实践性教学环节。通过本课程的实践教学,使学生理论结合实践,熟练掌握各类仪器和软件并进行数字电路分析测试和设计,初步培养数字逻辑电路的综合应用能力和科学的思考问题的能力,切实提高动手能力,形成严谨求实的学习态度,为后继的电气信息实践类课程的学习及对今后社会发展的适应打下基础。

二、TPE-D3 数字电路实验箱

TPE-D3 数字电路实验箱采用独特的两用板工艺,正面印有原理图及符号,反面印制导线并焊有相应元器件。需要测量及观察的部分装有自锁紧接插件,使用直观、可靠,维修方便、简捷,随机附有所需连接导线,能完成"数字电路"课程所需的各种实验及课程设计。

三、Multisim 简介

Multisim 是美国国家仪器(NI)有限公司推出的以 Windows 为平台的仿真工具,适用于板级的模拟、数字电路板的设计。它包含了电路原理图的输入、电路硬件描述语言的输入方式,具有很强的仿真分析能力。Multisim 软件结合了直观的捕捉和功能强大的仿真,能够快速、轻松、高效地对电路进行设计和验证。凭借 Multisim,可以立即创建具有完整组件库的电路图,并利用工业标准集成电路通用模拟程序(SPICE)模拟电路行为。借助于专业的高级 SPICE 分析和虚拟仪器,能在设计流程中提前对电路设计进行迅速验证,从而缩短建模循环。与 LabVIEW 和 SignalExpress 软件的集成,完善了具有强大技术的设计流程,从而能够比较具有模拟数据的实现建模测量。

实验一 门电路逻辑功能及测试

一、实验目的

① 熟悉门电路的逻辑功能、逻辑表达式、逻辑符号、等效逻辑图。
② 掌握数字电路实验箱及示波器的使用方法。
③ 了解检测基本门电路的方法。

二、实验仪器

双踪示波器,数字万用表,数字电路实验箱;74LS00 二输入端四与非门两个,74LS20 四输入端双与非门一个,74LS86 二输入端四异或门一个。

三、实验原理

通过 74LS00,74LS86 等基本中规模数字器件,验证逻辑函数表达式、逻辑函数图,以及真值表之间的转换关系。实验前按《数字电路实验箱使用说明书》先检查电源是否正常,然后将实验用的集成块芯片插入实验箱中对应的 IC 座,按设计好的实验接线图接好线。注意集成块芯片不能插反。线接好后经实验指导教师检查无误方可通电做实验。实验中改动接线须先断开电源,接好线后再通电做实验。

四、实验内容及步骤

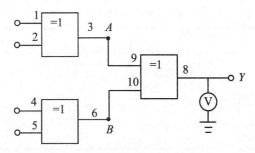

图 3.1 异或门逻辑功能的验证

1. 异或门逻辑功能的验证
① 选二输入四异或门电路 74LS86,按图 3.1 接线,输入端 1,2,4,5 接逻辑开

关($K_1 \sim K_4$),输出端 A,B,Y 接电平显示发光二极管。

② 将逻辑开关按表 3.1 的状态连接,将结果填入表 3.1 中。

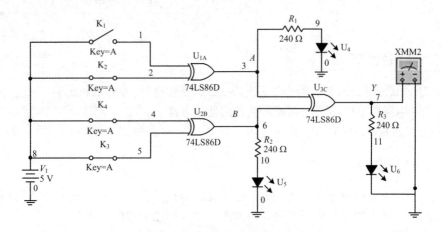

(a) 电路图

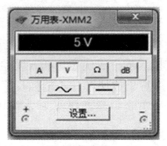

(b) 仿真结果

图 3.2 异或门逻辑功能的验证仿真图

表 3.1 异或门逻辑功能的验证

输	入			输	出		
1(K_1)	2(K_2)	4(K_3)	5(K_4)	A	B	Y	电压/V
L	L	L	L				
H	L	L	L				
H	H	L	L				
H	H	H	L				
H	H	H	H				
L	H	L	H				

2. 逻辑电路的逻辑关系测试

① 用 74LS00 按图 3.3 接线,将输入、输出逻辑关系分别填入表 3.2。

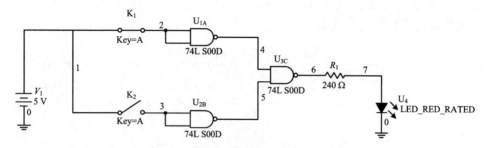

图 3.3　逻辑电路的逻辑关系测试仿真图

表 3.2　逻辑电路的逻辑关系测试

输	入	输　　出
A	B	Y
L	L	
L	H	
H	L	
H	H	

② 写出以上电路逻辑表达式,并画出等效逻辑图。

3. 用与非门组成其他逻辑门电路,并验证其逻辑功能

(1) 组成或门电路

根据德·摩根定律,或门的逻辑函数表达式为 $Z = A + B$,也可以写成 $Z = \overline{\overline{A} \cdot \overline{B}}$。因此,可以用三个与非门组成或门(图 3.4)。

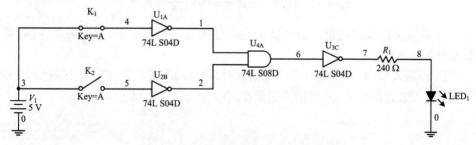

图 3.4　用与非门组成或门电路的仿真图

① 将或门及其逻辑功能测试实验原理图画在表3.3中，按原理图连线，检查无误后接通电源。

② 当输入端 A,B 为表3.3的情况时，分别测出输出端 Y 的电压或用LED发光管监视其逻辑状态，并将结果记录在表中，测试完毕后断开电源。

表3.3 用与非门组成或门电路

逻辑功能测试实验原理图	输入		输出 Y	
	A	B	电压	逻辑值
	0	0		
	0	1		
	1	0		
	1	1		

(2) 组成或非门电路

或非门的逻辑函数表达式为 $Z=\overline{A+B}$，根据德·摩根定律，可以写成 $Z=\overline{A} \cdot \overline{B}$。因此，可以用个两个非门和一个与门组成或非门(图3.5)。

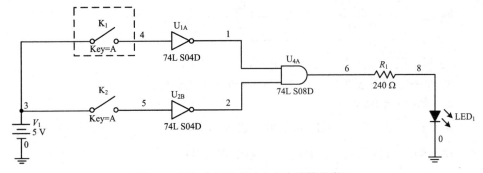

图3.5 用与非门组成或非门电路的仿真图

① 将或非门及其逻辑功能测试实验原理图画在表3.4中，按原理图连线，检查无误后接通电源。

② 当输入端 A,B 为表3.4中的情况时，分别测出输出端 Y 的电压或用LED发光管监视其逻辑状态，并将结果记录在表中，测试完毕后断开电源。

表 3.4 用与门和非门组成或非门电路

逻辑功能测试实验原理图	输入		输出 Y	
	A	B	电压	逻辑值
	0	0		
	0	1		
	1	0		
	1	1		

五、实验报告

① 列写实验设计过程，按实验步骤要求填表并画出逻辑图。
② 对所设计电路进行的实验测试，记录测试结果。
③ 写出组合电路设计体会。

六、预习要求

① 预习门电路相应的逻辑表达式。
② 熟悉所用集成电路的引脚排列及用途。
③ 熟练使用 Multisim 仿真本实验所用电路图。

七、思考题

① 怎样判断门电路逻辑功能是否正常？
② 与非门一个输入端接连续脉冲，其余端什么状态时允许脉冲通过？什么状态时禁止脉冲通过？

实验二 半加器及全加器

一、实验目的

① 验证半加器和全加器的逻辑功能。
② 掌握二进制数的运算规律。

二、实验设备

双踪示波器,数字万用表,数字电路实验箱;74LS00 二输入端四与非门三个,74LS86 二输入端四异或门一个。

三、实验原理

利用组合逻辑电路设计方法,由半加器逻辑功能画出其真值表,由真值表得到其最简函数表达式,根据函数表达式选择合适器件验证其功能。

四、实验内容及步骤

1. 半加器组合电路设计

根据半加器的逻辑表达式可知,半加器 Y 是 A,B 的异或,而进位 Z 是 A,B 相与,即半加器可用一个异或门和两个与非门组成,如图 3.6 所示。

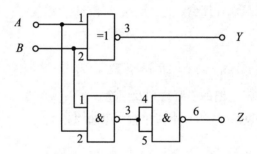

图 3.6 用一个异或门和两个与非门组成半加器

① 根据图 3.6 中,仿照实验一作出仿真图,并将仿真结果与图 3.7 中的正确仿真结果做比较。在数字电路实验箱上插入异或门和与非门芯片,输入端 A,B 接逻辑开关 K,输出端 Y,Z 接发光管电平显示。

② 按表 3.5 要求改变 A,B 状态,将结果填入表中,并写出 Y,Z 的逻辑表达式。

表 3.5 用一个异或门和两个与非门组成半加器

输入	A	0	1	0	1
	B	0	0	1	1
输出	Y				
	Z				

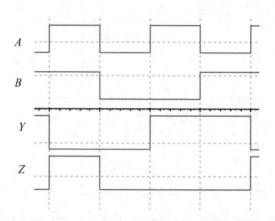

图 3.7 用一个异或门和两个与非门组成半加器的仿真结果图

2. 全加器组合电路的逻辑功能测试

① 写出图 3.8 电路的逻辑表达式。

② 根据逻辑表达式列出真值表。

③ 根据真值表画出逻辑函数 $S_i C_i$ 的卡诺图。

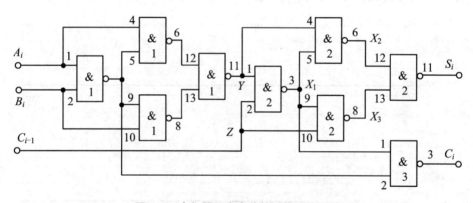

图 3.8 全加器组合电路的逻辑功能测试

表 3.6 全加器逻辑功能表

A_i \ $B_i C_{i-1}$	00	01	11	10		A_i \ $B_i C_{i-1}$	00	01	11	10
0						0				
1						1				
$S_1 =$						$C_1 =$				

④ 填写表3.7各点状态。

表3.7 各点的状态

A_1	B_1	C_{1-1}	Y	Z	X_1	X_2	X_3	S_1	C_1
0	0	0							
0	1	0							
1	0	0							
1	1	0							
0	0	1							
0	1	1							
1	0	1							
1	1	1							

⑤ 按图3.8中原理连接仿真图,并与图3.9中的正确仿真结果比较。

⑥ 按仿真图选择与非门,并接线进行测试,将测试结果记入表3.7,并与表3.6进行比较,看逻辑功能是否一致。

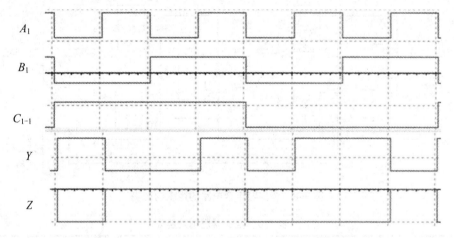

图3.9 全加器组合电路的逻辑功能测试仿真结果图

五、实验报告

① 整理实验数据、图表,并对实验结果进行分析讨论。
② 总结全加器卡诺图的分析方法。
③ 总结实验中出现的问题和解决的办法。

④ 将实验结果与仿真结果相比较,分析误差。

六、预习要求

① 预习组合逻辑电路的分析方法。
② 预习用与非门和异或门构成的半加器、全加器的工作原理。
③ 预习二进制数的运算。
④ 使用 Multisim 软件对实验内容进行仿真。

七、思考题

① 怎样设计四位并行加法器?
② 设计一位全减器,并与全加器进行分析比较?

实验三 译码器和数据选择器

一、实验目的

① 熟悉集成数据选择器、译码器的逻辑功能及测试方法。
② 掌握用集成数据选择器、译码器进行逻辑设计。

二、实验仪器

双踪示波器,数字万用表,数字电路实验箱;74LS00 与非门一个,74LS138 2~4 线译码器一个,74LS153 双四选一数据选择器一个。

三、实验原理

进行组合逻辑电路设计的原理是:
① 根据设计要求,定义输入逻辑变量和输出逻辑变量,然后列出真值表。
② 利用卡洛图或公式法得出最简逻辑表达式,并根据设计要求所指定的门电路或选定的门电路,将最简逻辑表达式变换为与所指定门电路相应的形式。
③ 画出逻辑图。
④ 用逻辑门或组件构成实际电路,然后测试验证其逻辑功能。

四、实验内容及步骤

1. 译码器功能测试

将 74LS138 3~8 线译码器分别输入逻辑电平,并将输出状态填写在表 3.8

中。将结果与图 3.10 中的仿真波形做比较。

表 3.8 译码器功能测试

输入					输出							
S_1	S_2+S_3	A_1	A_2	A_3	Y_0	Y_1	Y_2	Y_3	Y_4	Y_5	Y_6	Y_7
0	×	×	×	×								
×	1	×	×	×								
1	0	0	0	0								
1	0	0	0	1								
1	0	0	1	0								
1	0	0	1	1								
1	0	1	0	0								
1	0	1	0	1								
1	0	1	1	0								
1	0	1	1	1								

2. 数据选择器的测试

测试双四选一数据选择器 74LS153 的功能,并将测试结果填入表 3.9 中。按图 3.10 进行仿真,并将结果与图 3.11 中的波形做比较。

表 3.9 数据选择器的测试

验选择端		输入				输出控制	输出
A_1	A_0	D_0	D_1	D_2	D_3	$\overline{S}$	Q
×	×	×	×	×	×	H	
L	L	L	×	×	×	L	
L	L	H	×	×	×	L	
L	H	×	L	×	×	L	
L	H	×	H	×	×	L	
H	L	×	×	L	×	L	
H	L	×	×	H	×	L	
H	H	×	×	×	L	L	
H	H	×	×	×	H	L	

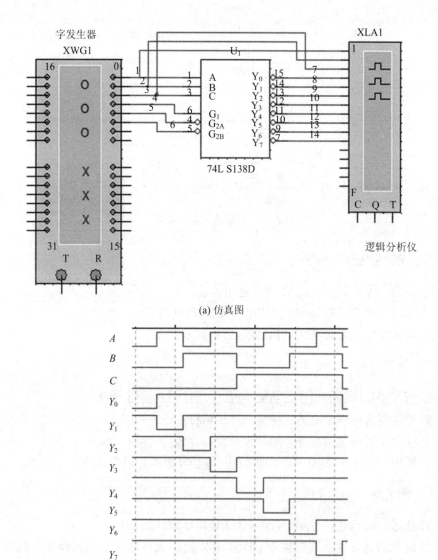

(a) 仿真图

(b) 仿真结果图

图 3.10 译码器功能测试仿真图

3. 运用 74LS153 分别实现全加器功能

参考图 3.9 中全加器组合电路的逻辑功能测试仿真结果,运用 74LS153 和门电路实现全加器功能,要求作出仿真图,并连接电路测试其功能。

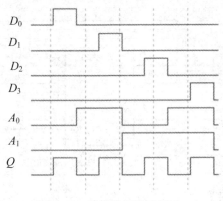

图 3.11 数据选择器的测试

五、实验报告

① 介绍 74LS138 和 74LS153 及运用方法。
② 写出运用 74LS153 实现全加器的原理及过程。
③ 将实验结果与仿真结果相比较,分析误差。

六、预习要求

① 预习中规模集成组件的功能、外部引线排列及使用方法。
② 总结组合逻辑电路的功能特点和结构特点。
③ 预习中规模集成组件一般分析及设计方法。
④ 使用 Multisim 软件对实验进行仿真,并分析实验是否成功。

七、思考题

① 在进行组合逻辑电路设计时,什么是最佳设计方案?
② 用双四选一数据选择器 74LS153 怎样连接成八选一数据选择器?数据选择器 74LS153 的使能端有什么优点?

实验四 数值比较器

一、实验目的

① 掌握数值比较器的基本设计方法。

② 掌握集成数值比较器的使用。

二、实验仪器

数字电路实验箱，双踪示波器，数字万用表；双输入与门 74S08 一个，双输入四异或门 74S86 一个，四位数值比较器 74LS85 一个，与非门 74S00 一个。

三、实验原理

分析比较两个四位数，先比较最高位的数，如果两个数值不相等，则最高位数大的那个四位数大，以此可做出判断，不需要再进行比较；如果最高位数的数值相等，则对次高位数进行比较，方法如最高位数判断方法，直到最后一位的比较。只有四位上的数值全相等，才能判断两个四位数是相等的。

四、实验内容及步骤

1. 一位（大、同、小）比较器的设计及逻辑功能的验证
（1）根据命题要求列真值表
设 A,B 为两个二进制数的某一位，即比较器的输入，M,G,L 为比较器的输出，分别表示两个二进制数比较后的大、同、小结果，其逻辑功能真值见表 3.10。
（2）写表达式
根据表 3.10 的真值，并为了减少门电路的种类，我们做如下的运算：

$$同：G = \bar{A}\bar{B} + AB = \overline{A\bar{B} + \bar{A}B} = \overline{A \oplus B}$$

$$大：M = A\bar{B} = A(A\bar{B} + \bar{A}B) = A(A \oplus B)$$

$$小：L = \bar{A}B = B(A\bar{B} + \bar{A}B) = B(A \oplus B)$$

$$X \oplus 1 = \bar{X}$$

（3）画逻辑图
根据上述表达式，读者可用两个异或门和两个与门组成上述的大、同、小比较器，将逻辑图画在表 3.10 右边的空白处。

表 3.10 一位比较器真值表

输入		输出			说明
A	B	M	G	L	
0	0	0	1	0	$A = B$
0	1	0	0	1	$A < B$
1	0	1	0	0	$A > B$
1	1	0	1	0	$A = B$

(4) 设计仿真图

根据上述表达式及逻辑图设计仿真图,验证电路功能,将仿真图画在实验报告中。(结果不唯一,可以用其他形式的化简公式设计电路)

(5) 实验验证

按所设计的电路图连线,检查无误后接通电源。当输入端 A,B 为表3.10的情况时,用三只 LED 发光管,分别监视输出端 M,G,L 的逻辑状态,验证逻辑功能的正确性。当输出高电平时,LED 发光管亮,用逻辑值"1"表示,当输出低电平时,LED 发光管灭,用逻辑值"0"表示,实验完毕后断开电源。

2. 四位数值比较器逻辑功能的验证

(1) 引脚和功能描述

74LS85 四位二进制数值比较器集成电路,十六引脚双列直插式封装,所有功能引脚分三类:比较输入端、级联输入端、输出端。比较输入端实现本级两组四位二进制数的比较;级联输入端则是为实现多级芯片的相互级联所设,当仅使用一级比较时,可将 $A<B,A=B$ 和 $A>B$ 三个级联输入端分别接"0""1""0";输出端则为两组四位二进制数的比较输出,有小、同和大三种结果。逻辑功能见表3.11。

(2) 实验验证

按上述的引脚和功能描述,连接好验证四位数值比较器逻辑功能的实验电路,检查无误后接通电源。当输入为表3.12的情况时,用三只 LED 发光管分别监视其输出端 L,G,M 的逻辑状态,验证逻辑功能的正确性,并将结果记录在表3.12 中,实验完毕后断开电源。

表3.11 四位数值比较器简化逻辑功能表

输入									输出		
比较输入端						级联输入端					
A_3 B_3	A_2 B_2	A_1 B_1	A_0 B_0			$A<B$	$A=B$	$A>B$	$A<B$	$A=B$	$A>B$
$A_3>B_3$	×	×	×			×	×	×	L	L	H
$A_3=B_3$	$A_2>B_2$	×	×			×	×	×	L	L	H
$A_3=B_3$	$A_2=B_2$	$A_1>B_1$	×			×	×	×	L	L	H
$A_3=B_3$	$A_2=B_2$	$A_1=B_1$	$A_0>B_0$			×	×	×	L	L	H
$A_3=B_3$	$A_2=B_2$	$A_1=B_1$	$A_0=B_0$			L	L	H	L	L	H
$A_3=B_3$	$A_2=B_2$	$A_1=B_1$	$A_0=B_0$			L	H	L	L	H	L
$A_3=B_3$	$A_2=B_2$	$A_1=B_1$	$A_0=B_0$			H	L	L	H	L	L

续表

输入							输出		
比较输入端				级联输入端					
$A_3 = B_3$	$A_2 = B_2$	$A_1 = B_1$	$A_0 < B_0$	×	×	×	H	L	L
$A_3 = B_3$	$A_2 = B_2$	$A_1 = B_1$	×	×	×	×	H	L	L
$A_3 = B_3$	$A_2 = B_2$	×	×	×	×	×	H	L	L
$A_3 = B_3$	×	×	×	×	×	×	H	L	L

表 3.12 四位数值比较器逻辑功能验证实验数据表

输入									输出		
比较输入端								级联输入端			
									L	G	M
A_3	A_2	A_1	A_0	B_3	B_2	B_1	B_0	$A<B$	$A=B$	$A>B$	$A<B$	$A=B$	$A>B$
0	0	0	0	1	0	1	0	0	1	0			
0	0	0	1	1	0	1	0	0	1	0			
0	0	1	0	1	0	1	0	0	1	0			
0	0	1	1	1	0	1	0	0	1	0			
0	1	0	0	1	0	1	0	0	1	0			
0	1	0	1	1	0	1	0	0	1	0			
0	1	1	0	1	0	1	0	0	1	0			
0	1	1	1	1	0	1	0	0	1	0			
1	0	0	0	1	0	1	0	0	1	0			
1	1	1	1	1	0	1	0	0	1	0			

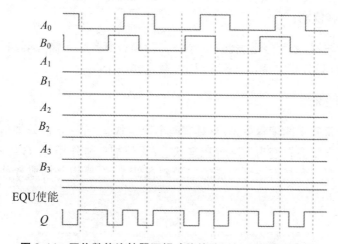

图 3.14 四位数值比较器逻辑功能的验证部分仿真结果图

五、实验报告

① 将实验过程中的现象与仿真结果相比较,并分析原因。
② 给出实验涉及的逻辑式及电路图。

六、预习要求

① 了解实验所需芯片的功能。
② 运用仿真了解实验的原理。
③ 写出实验涉及的逻辑式。

七、思考题

① 四位数值比较器能否实现一般组合电路？如何设计？
② 怎样将四位数值比较器连接成八位数值比较器？

实验五　触　发　器

一、实验目的

① 熟悉并掌握 RS,D,JK 触发器的特性和功能测试方法。
② 学会正确使用触发器集成芯片。
③ 了解不同逻辑功能 F-F 相互转换的方法。

二、实验仪器

双踪示波器,数字万用表,数字电路实验箱;74LS00 二输入端四与非门一个,74LS74 双 D 触发器一个,74LS76 双 JK 触发器一个。

三、实验原理

触发器是基本的逻辑单元,它具有两个稳定状态:在一定的外加信号作用下可以由一种稳定状态转变为另一种稳定状态;无外加信号作用时,维持原状态不变。因为触发器是一种具有记忆功能的二进制存储单元,所以是构成各种时序电路的基本逻辑单元。

四、实验内容及步骤

1. 基本 RS 触发器功能测试

两个 TTL 与非门首尾相接构成基本 RS 触发器电路,如图 3.15 所示,按原理作出仿真。

① 试按下面的顺序在 S,R 端加信号:

$$\bar{S}_D = 0 \quad \bar{R}_D = 1$$
$$\bar{S}_D = 1 \quad \bar{R}_D = 1$$
$$\bar{S}_D = 1 \quad \bar{R}_D = 0$$
$$\bar{S}_D = 1 \quad \bar{R}_D = 1$$

观察并记录触发器的 $Q,\bar{Q}$ 端的状态,将结果填入表 3.13 中,并说明在上述各种输入状态下,RS 执行的是什么逻辑功能?

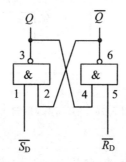

图 3.15 基本 RS 触发器电路

表 3.13 基本 RS 触发器电路

$\bar{S}_D$	$\bar{R}_D$	Q	$\bar{Q}$	逻辑功能
0	1			
1	1			
1	0			
1	1			

② 在 S_D 端接低电平,$\bar{R}_D$ 端加点动脉冲。

③ 在 S_D 端接高电平,$\bar{R}_D$ 端加点动脉冲。

④ 令 $\bar{R}_D = \bar{S}_D$,在 $\bar{S}_D$ 端加脉冲。

记录并观察在②③④三种情况下,$Q,\bar{Q}$ 端的状态。从中能否总结出基本 RS

触发器的 Q 或 $\bar{Q}$ 端的状态改变和输入端 $\bar{S}_D$, $\bar{R}_D$ 的关系。

⑤ 当 $\bar{S}_D$, $\bar{R}_D$ 端都接低电平时,观察 Q, $\bar{Q}$ 端的状态;当 $\bar{S}_D$, $\bar{R}_D$ 端同时由低电平跳为高电平时,注意观察 Q, $\bar{Q}$ 端的状态,重复 3~5 次看 Q, $\bar{Q}$ 端的状态是否相同,以正确理解"不定"状态的含义。

2. 维持-阻塞型 D 触发器功能测试

双 D 型正边沿维持-阻塞型触发器 74LS74 的逻辑符号如图 3.16 所示。图中 $\bar{S}_D$, $\bar{R}_D$ 端分别为异步置 1 端、置 0 端(或称异步置位,复位端),CP 为时钟脉冲端。

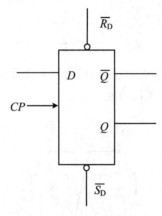

图 3.16 74LS74 逻辑符号

按下面步骤做实验:

① 分别在 $\bar{S}_D$, $\bar{R}_D$ 端加低电平,观察并记录 Q, $\bar{Q}$ 端的状态。

② 令 $\bar{S}_D$, $\bar{R}_D$ 端为高电平,D 端分别接高、低电平,用点动脉冲作为 CP,观察并记录当 CP 为 0,1 时,Q 端状态的变化。

③ 当 $\bar{S}_D = \bar{R}_D = 1$, CP = 0(或 CP = 1),改变 D 端信号,观察 Q 端的状态是否变化?

整理上述实验数据,将结果填入下表 3.14 中。

④ 令 $\bar{S}_D = \bar{R}_D = 1$,将 D 和 $\bar{Q}$ 端相连,CP 加连续脉冲,用双踪示波器观察并记录 Q 相对于 CP 的波形。

CP ⎍⎍⎍⎍⎍⎍⎍⎍⎍⎍
Q

表 3.14 维持-阻塞型 D 触发器功能测试

$\bar{S}_D$	$\bar{R}_D$	CP	D	Q^n	Q^{n+1}
0	1	×	×	0	
				1	
1	0	×	×	0	
				1	
1	1	↑	0	0	
				1	
1	1	↑	1	0	
				1	
1	1	0(1)	×	0	
				1	

3. 负边沿 JK 触发器功能测试

双 JK 负边沿触发器 74LS76 芯片的逻辑符号如图 3.17 所示。自拟实验步骤,测试其功能,并将结果填入表 3.15 中,令 $J=K=1$,CP 端加连续脉冲,用双踪示波器观察 Q 端和 CP 波形,试将触发器的 D 端和 $\bar{Q}$ 端相连,观察 Q 端和 CP 的波形,并做比较。

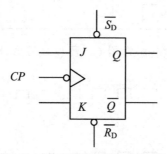

图 3.17 JK 触发器的逻辑符号

表 3.15 负边沿 JK 触发器功能测试

$\bar{S}_D$	$\bar{R}_D$	CP	J	K	Q	Q^{n+1}
0	1	×	×	×	×	
1	0	×	×	×	×	
1	1	↓	0	×	0	

续表

$\overline{S}_D$	$\overline{R}_D$	CP	J	K	Q	Q^{n+1}
1	1	↴	1	×	0	
1	1	↴	×	0	1	
1	1	↴	×	1	1	

4. 触发器功能转换

① 将JK触发器转换成T触发器和D触发器(表3.16),列出表达式,画出实验电路图,做出仿真图,并画在实验报告中。

表 3.16 触发器功能转换

$\overline{S}_D$	$\overline{R}_D$	CP	J	K	Q	Q^{n+1}
0	1	×	×	×	×	
1	0	×	×	×	×	
1	1	↴	0	×	0	
1	1	↴	1	×	0	
1	1	↴	×	0	1	
1	1	↴	×	1	1	

② 接入连续脉冲,观察各触发器 CP 及 Q 端波形,比较两者关系。

JK⇒T

CP ⎍⎍⎍⎍⎍⎍⎍⎍⎍⎍

Q

JK⇒D

CP ⎍⎍⎍⎍⎍⎍⎍⎍⎍⎍

Q

③ 自拟实验数据表,并填写之。

五、实验报告

① 整理实验数据并填表。
② 写出实验内容及步骤3,4的实验步骤及表达式。
③ 画出实验内容及步骤4的电路图及相应表格。

④ 总结各类触发器的特点。

六、预习要求

① 熟悉并掌握 RS,D,JK 触发器的特性和功能的测试方法。
② 使用 Multisim 仿真本实验。

七、思考题

① 对于 JK 触发器,若 $J = K = 1$,问此时时钟信号频率与输出端 Q 的输出频率之间存在什么关系?
② 对于 RS 触发器,为什么不允许出现两个输入同时为 0 的情况?

实验六 时序电路(计数器、移位寄存器)

一、实验目的

① 熟悉中规模集成电路计数器的功能及应用。
② 掌握利用中规模集成电路计数器组成任意进制计数器的方法。
③ 掌握综合测试的方法。

二、实验仪器

双踪示波器,数字万用表,数字电路实验箱;74LS112 双 JK 触发器两个,74LS175 四 D 触发器一个,74LS10 三输入端三与非门一个,74LS00 二输入端四与非门一个,74LS160 同步十进制计数器一个,74LS85 四位数据比较器一个。

三、实验原理

计数器对输入的时钟脉冲进行计数,来一个 CP 脉冲计数器状态变化一次。计数器根据计数循环长度命名,如循环长度为 M,则称之为模 M 计数器(M 进制计数器)。通常,计数器状态按二进制数的递增或递减规律来编码,对应地称之为加法计数器或减法计数器。一个计数型触发器就是一个一位二进制计数器。N 个计数型触发器可以构成同步或异步 N 位二进制加法或减法计数器。当然,计数器状态并非必须按二进制数的规律编码,可以给 M 进制计数器任意地编排 M 个二进制码。在数字集成电路中有许多型号的计数器产品,可以用这些数字集成电路来实现所需要的计数功能和时序逻辑功能。对序逻辑电路有两种设计方法,一种为反馈清零法,另一种为反馈置数法。

四、实验内容及步骤

1. 异步二进制计数器

① 按图接线,$J = K = 1$。

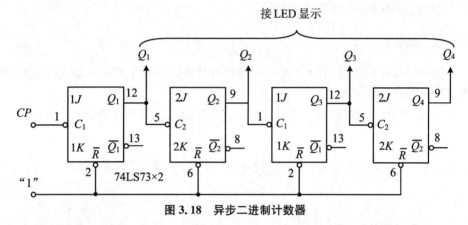

图 3.18 异步二进制计数器

② 由 CP 端输入单脉冲,测试并记录 $Q_1 \sim Q_4$ 端状态及波形。
③ 试将异步二进制加法计数器改为减法计数器,参考加法计数器做实验并记录。

2. 自循环移位寄存器——环形计数器

① 按图 3.19 接线,将 $ABCD$ 置为 1000,用单脉冲计数,记录各触发器状态。改为连续脉冲计数,并将其中一个状态为"0"的触发器置为"1"(模拟干扰信号作用的结果),观察计数器能否正常工作,分析原因。

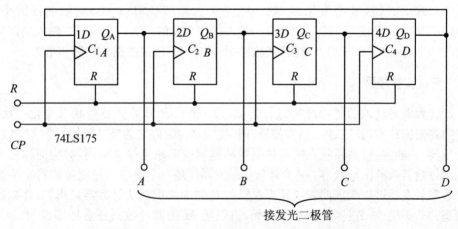

图 3.19 自循环移位寄存器——环形计数器

注:用图 3.19 进行软件仿真时,为便于操作可把频率调到最低,不妨先调到

1 Hz。用开关设置 A 的初值,先将开关断开,再按下运行按钮(开始仿真),然后立即闭合开关(即给 $1D$ 赋值 1,给 $2D,3D,4D$ 赋值 0),等待 A 输出为 1 时,把开关断开,再连接 $1D$ 和 Q_D(可以再用一个开关),观察并记录现象即可。

② 按图 3.20 接线,与非门用 74LS10 三输入端三与非门。重复上述实验,对比实验结果,总结关于自启动的体会。

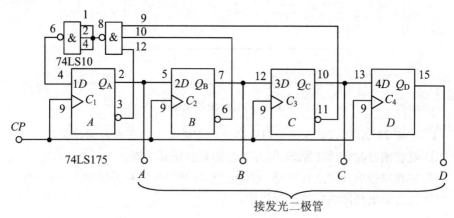

图 3.20 环形计数器

3. 验证 74LS160 的基本功能

同步验证十进制加法计数器 74LS160 的测试功能,并将测试结果填入表 3.17 中。作出仿真,并将结果与图 3.21 中的波形做比较。(起始状态为 0000)

表 3.17 74LS160 功能测试

计数顺序	电路状态				等效十进制数	进位输出 C
	Q_D	Q_C	Q_B	Q_A		
0	0	0	0	0		
1						
2						
3						
4						
5						
6						
7						
8						
9						

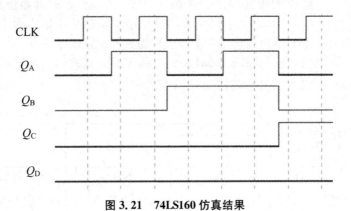

图 3.21 74LS160 仿真结果

4. 运用 74LS160,74LS85 及门电路设计十进制内的任意进制计数器

① 要求预习时设计出原理图,并通过仿真验证其功能。

② 实验时按仿真图连接电路,运行电路,将结果与仿真做比较。

③ 将实验电路图画在实验报告中。

五、实验报告

① 画出实验内容要求的波形及记录表格,并将实验结果与仿真做比较分析。

② 总结计数器电路设计的特点。

六、预习要求

① 熟悉 74LS160 和 74LS85 的基本功能。

② 使用 Multsim 软件仿真实验。

③ 理解实验原理。

七、思考题

① 使寄存器清零,除采用输入低电平外,可否采用右移或左移的方法?可否使用并行送数法?若可行,如何操作?

② 环形计数器的最大优点和缺点各是什么?

实验七　555 时基电路的应用

一、实验目的

① 掌握 555 时基电路的结构、工作原理,以及芯片的正确使用。
② 掌握分析和测试用 555 时基电路构成的多谐振荡器、单稳态触发器、旋密特触发器等三种典型电路的方法。

二、实验仪器

双踪示波器,数字万用表,数字电路实验箱;NE556(或 NE555 两个)双时基电路一个,二极管 1N4148 两个,电位器 22 kΩ,1 ΩK 各一只。

三、实验原理

实验所用的时基电路芯片为 NE556,同一芯片上集成了两个各自独立的 555 时基电路。图 3.22 中各管脚的功能简述如下:

TH——高电平触发端:当 TH 端电平大于 $2/3$ V 时,OUT 端呈低电平,DIS 端导通。

$\overline{TR}$——低电平触发端:当 $\overline{TR}$ 端电平小于 $1/3$ V 时,OUT 端呈现高电平,DIS 端关断。

$\overline{R}$——复位端:$\overline{R}=0$,OUT 端输出低电平,DIS 端导通。

V_C——控制电压端:V_C 接不同的电压值可以改变 TH,$\overline{TR}$ 端的触发电平值。

DIS——放电端:其导通或关断为 RC 回路提供了放电或充电的通路。

OUT——输出端。

V_{CC}——接正电源端。

GND——接地端。

表 3.18　556 芯片的内部结构表

TH	$\overline{TR}$	$\overline{R}$	OUT	DIS
X	X	L	L	导通
$<2V_{CC}/3$	$<V_{CC}/3$	H	L	导通
$<2V_{CC}/3$	$<V_{CC}/3$	H	原状态	原状态
$<2V_{CC}/3$	$<V_{CC}/3$	H	H	关断

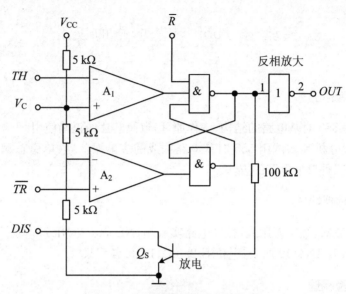

图 3.22 时基电路的内部结构图

四、实验内容及步骤

1. 555 时基电路构成的多谐振荡器电路

① 按图 3.23 接线。

② 用示波器观察测量 OUT 端仿真波形(图 3.24)的频率并与理论估算值比较,算出频率的相对误差。

③ 若将电阻值改为 $R_1 = 15\ \text{k}\Omega$,$R_2 = 10\ \text{k}\Omega$,电容 C 不变,上述的数据有何变化?

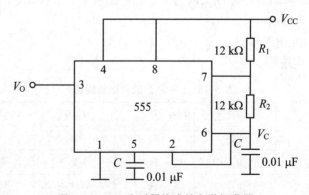

图 3.23 555 定时器构成的多谐振荡器

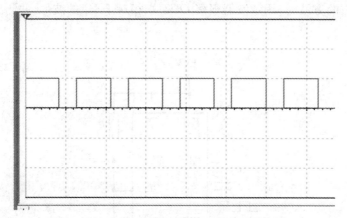

图 3.24　555 定时器构成的多谐振荡器仿真结果

④ 根据上述电路的原理,充电回路的支路是 $R_1 R_2 C_1$,放电回路的支路是 $R_2 C_1$,将电路略做修改,增加一个电位器 R_W 和两个引导二极管,构成图 3.25 所示的占空比可调的多谐振荡器。其占空比 $q = \dfrac{R_1}{R_1 + R_2}$。调节 R_W 的阻值,可改变 q 值。合理选择元件参数(电位器选用 22 kΩ),使电路的占空比 $q = 0.2$,且正脉冲宽度为 0.2 ms。调试电路,测出所用元件的读数,估算电路的误差。

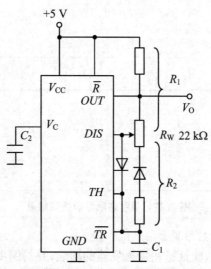

图 3.25　占空比可调的多谐振荡器

2. 555 构成的单稳态触发器

① 按图 3.26 接线,图中 $R_2 = 1$ kΩ,$C_1 = 1$ pF,$C_2 = 10$ μF,输入频率约为

10 kHz 左右的方波时,用示波器观察 OUT 端相对于 V_I 的波形,并测出输出脉冲的宽度 T_W。

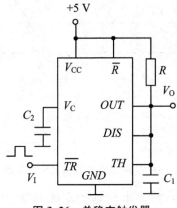

图 3.26　单稳态触发器

② 调节 V_I 频率,分析并记录观察到的 OUT 端波形的变化。

③ 若输出脉冲 $T_W = 20\ \mu s$,调整电路参数,并记录各有关参数。仿真波形如图 3.27 所示。

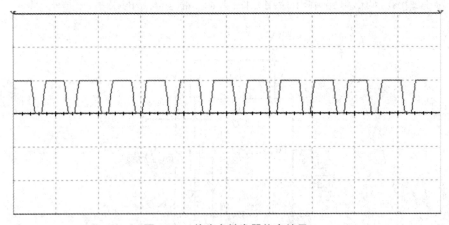

图 3.27　单稳态触发器仿真结果

3. 555 构成的施密特触发器

按原理图连接电路,验证施密特触发器的功能,并与图中仿真结果做比较。

五、实验报告

① 按实验内容要求整理相关实验数据。

② 画出实验内容中要求画出的波形,按时间坐标对应标出波形的周期、脉宽

和幅值等。

③ 总结 555 时基电路组成的典型电路及使用方法。

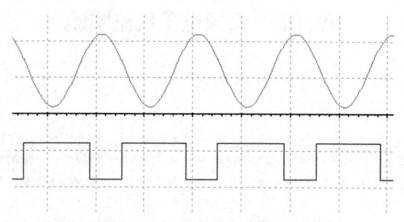

图 3.28　555 构成的施密特触发器仿真结果

六、预习要求

① 使用 Multsim 软件仿真实验。
② 理解实验原理。

七、思考题

① 如何用 555 定时器设计 1 s 计时器？
② 能否用 555 定时器实现任意波形的整形？

第四章　高频电子线路实验

一、实验课程简介

"电子线路"是一门应用性较强的电子技术基础课程,高频电子线路实验是它的实践性教学环节。通过单调谐回路谐振放大器、石英晶体振荡器、振幅调制器等六个实验项目,使学生理论结合实践,初步具备线性电子线路的分析、设计和调试能力,并掌握使用电子仪器进行调整、排除简单故障和测试的基本技能,提高实际动手能力,培养严谨求实的工作作风,为后继的电气信息实践类课程的学习及对当今社会发展的适应打下基础。

二、电路实验箱简介

高频电子线路 C4 型实验箱的实验内容及实验顺序是根据高等教育出版社出版的《高频电子线路》(张肃文)一书而设计的。本实验箱设置了十个实验,分别是高频小信号调谐放大器实验、二极管开关混频器实验、高频谐振功率放大器实验、正弦波振荡器实验、集电极调幅及大信号检波实验、变容二极管调频实验、集成电路模拟乘法器应用实验、模拟锁相环应用实验、小功率调频发射机设计实验和调频接收机设计实验。其中前八个实验是为配合课程而设计的,主要帮助学生理解课堂所学的内容;后两个实验是系统实验,加深学生对"每个复杂的无线收发系统都是由一个个单元电路组成的"的理解。

实验板配有有机玻璃罩,以保护实验板上的元件。对于可调电阻,如果用手调节不方便,可用实验箱配置的无感批调节。需要测量及观察的部分装有自锁紧式插件,配合信号发生器、示波器等仪器仪表,可以完成二十多种模拟电子线路实验。

三、EWB 5.0 操作简介

1. EWB 的启动

EWB 仿真软件不需要安装,直接双击相应目录(通常目录是 EWB50)中的可执行文件 WEWB32.EXE 图标即可。

2. 电路的建立

(1) 选取元器件

在工具栏中打开建立电路所需元件的元件库,找到相应元件,拖曳到 EWB 工作平台。双击该元件可以修改参数值和名称,单击可对其进行复制、剪切、删除、旋转等操作。

(2) 连接

用鼠标点住元器件某一管脚,拖移鼠标至另一元器件管脚,放开鼠标即完成连接。

(3) 仪器、仪表

EWB 提供了电压表、电流表和示波器,双击电压表和电流表后可设定表的交流或直流模式,单击可对元器件进行操作。双击示波器可以将其打开,观察波形,再点击 Expand 可以展开。

3. 仿真

(1) 直流电位

各节点直流电位可以通过点击仿真按钮用直流电压表观测,也可以经下列步骤实现:点击工具栏中 Circuit/Schematic Options,在 Show Nodes 选择项中打勾选中,返回主菜单选择 Analysis/Analysis Options 即可看到各节点电位。

(2) 动态测量与观察

① 启动仿真后双击示波器,可以观察输入、输出波形。在不失真的条件下,可以通过比较输入、输出两个通道的波形大小,估算输出对输入的比,得到传输系数。

② 不失真时,直接用交流电压的输出值比输入值。

实验一 单调谐回路谐振放大器

一、实验目的

① 熟悉电子元器件和高频电路实验箱。
② 熟悉谐振回路的幅频特性分析——通频带与选择性。
③ 熟悉信号源内阻及负载对谐振回路的影响,从而了解频带扩展。
④ 熟悉放大器的动态范围及测试方法。

二、实验仪器

双踪示波器,扫描仪,高频信号发生器,毫伏表,万用表,实验板1。

三、实验内容

① 静态测量。

② 动态研究。

③ 测量放大器的频率特性。

四、实验原理及步骤

1. 实验电路

① 按图 4.1 所示连接电路(注意接线前先测量 +12 V 电源电压,无误后,关断电源再接线)。

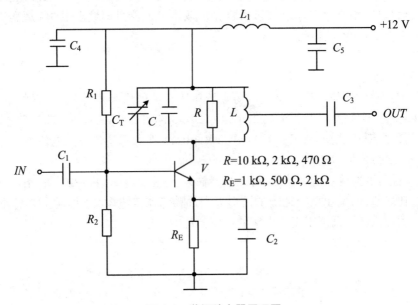

图 4.1 谐振放大器原理图

② 接线后仔细检查,确认无误后接通电源。

2. 静态测量

实验电路选 $R_E = 1\ \text{k}\Omega$。测量各静态工作点的电压,计算出 I_C 和 V_{CE} 并填入表 4.1。

表 4.1 静态工作点

实测		实测计算		根据 V_{CE} 判断 V 是否工作在放大区		原因
V_B	V_E	I_C	V_{CE}	是	否	

注:V_B,V_E 是三极管的基极和发射极对地电压。

3. 动态研究

① 测放大器的动态范围 $V_I \sim V_O$(在谐振点)。选 $R_C = 10\ \text{k}\Omega$, $R_E = 1\ \text{k}\Omega$。将高频信号发生器接到电路输入端,电路输出端接毫伏表,选择正常放大区的输入电压 V_I,调节频率 f 使其为 10.7 MHz,调节 C 使回路谐振,使输出电压幅值为最大。此时调节 V_I 由 0.02 V 变到 0.8 V,逐点记录 V_O 电压,并填入表 4.2。V_I 的各点的测量值可根据各自实测情况来确定。

表 4.2 动态范围

	V_I(V)	0.02						0.8
V_O(V)	$R_E = 1\ \text{k}\Omega$							
	$R_E = 500\ \Omega$							
	$R_E = 2\ \text{k}\Omega$							

② 当 R_E 分别为 500 Ω, 2 kΩ 时,重复上述过程,将结果填入表 4.2。在同一坐标纸上画出 I_C 不同时的动态范围曲线,并进行比较和分析。

③ 用扫描仪调回路谐振曲线。仍选 $R = 10\ \text{k}\Omega$, $R_E = 1\ \text{k}\Omega$。将扫描仪射频输出送入电路输入端,电路输出接至扫描仪检波器输入端。观察回路谐振曲线(扫描仪输出衰减挡位应根据实际情况来选择),调回路电容 C_R,使 $f_O = 10.7\ \text{MHz}$。

④ 测量放大器的频率特性。当回路电阻 $R = 10\ \text{k}\Omega$ 时,选择正常放大区的输入电压 V_I,将高频信号发生器输出端接至电路输入端,调节频率 f 使其为 10.7 MHz。调节 C_R 使回路谐振,使输出电压幅值为最大,此时的回路谐振频率 $f_O = 10.7\ \text{MHz}$ 为中心频率,然后保持输入电压 V_I 不变,改变频率 f 由中心频率向两边逐点偏离,测得在不同频率 f 时对应的输出电压 V_O,测得数据填入表 4.3。频率偏离范围可根据(各自)实测情况来确定。

表 4.3 频率特性

	f_O(MHz)				10.7			
V_O(V)	$R = 10\ \text{k}\Omega$							
	$R = 2\ \text{k}\Omega$							
	$R = 470\ \Omega$							

计算 $f_O = 10.7\ \text{MHz}$ 时的电压放大倍数及回路的通频带和 Q 值。

⑤ 改变谐振回路电阻,即 R 分别为 2 kΩ, 470 Ω 时,重复上述测试,并将结果填入表 4.3。比较通频带情况。

单调谐放大电路的动态线如图 4.2 所示。

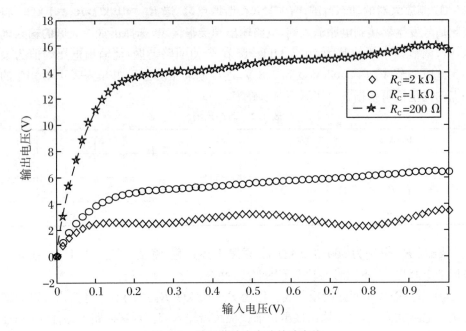

图 4.2 单调谐放大电路的动态线

五、实验报告

① 写出实验目的。
② 画出实验电路的直流和交流等效电路,计算直流工作点的相关参数,并与实验实测结果比较。
③ 写明实验所用到的仪器设备的名称及型号。
④ 整理实验数据,并画出幅频特性。

六、预习要求

① 复习谐振回路的工作原理。
② 了解谐振放大器的电压放大倍数、动态范围、通频带及选择性之间的相互关系。
③ 实验电路中,若电感 $L = 1\ \mu H$,回路总电容 $C = 220\ pF$(分布电容包括在内),计算回路中心频率 f_0。

七、思考题

① 整理单调谐回路接不同回路电阻时的幅频特性和通频带,并分析原因。
② 本放大器的动态范围是多少? 讨论 I_C 对动态范围的影响。

实验二　石英晶体振荡器

一、实验目的

① 了解晶体振荡器的工作原理及特点。
② 掌握晶体振荡器的设计方法及参数计算方法。

二、实验仪器

双踪示波器,频率计,万用表,实验板 1。

三、实验内容

实验电路如图 4.3 所示。
① 测量振荡器静态工作点。求图 4.3 中 R_P,测得 $I_{E_{min}}$ 及 $I_{E_{max}}$。

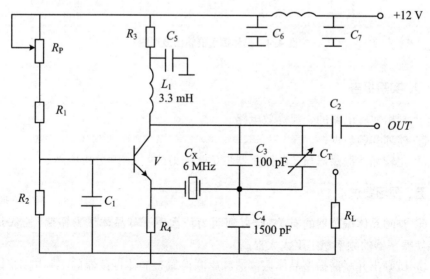

图 4.3　晶体振荡器原理图

② 测量当工作点在上述范围时的振荡频率及输出电压。

③ 测量负载不同时对频率的影响,R_L 分别取 110 kΩ,10 kΩ,1 kΩ,测出电路振荡频率,填入表 4.4,并与 LC 振荡器比较。

表 4.4　振荡频率

R	110 kΩ	10 kΩ	1 kΩ
f(MHz)			

晶体振荡器输出波形如图 4.4 所示。

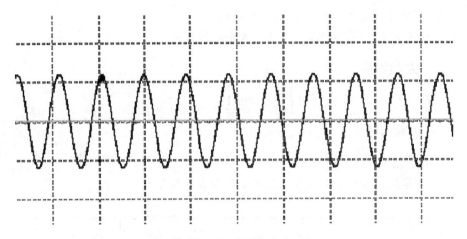

图 4.4　晶体振荡器输出波形图

四、实验报告

① 画出实验电路的交流等效电路。

② 整理实验数据。

③ 比较晶体振荡器与 LC 振荡器带负载能力的差异,并分析原因。

五、预习要求

① 查阅晶体振荡器的有关资料,阐明为什么用石英晶体作为振荡回路,元件就能使振荡器的频率稳定度大大提高。

② 试画出并联谐振型晶体振荡器和串联谐振型晶体振荡器的实际电路图,并阐述两者在电路结构及应用方面的区别。

六、思考题

① 如何确定电路是否工作在晶体的频率上?
② 根据电路给出的 L,C 参数计算回路中心频率,阐述本电路的优点。

实验三 振幅调节器(利用乘法器)

一、实验目的

① 掌握用集成模拟乘法器实现全载波调幅和抑制载波双边带调幅的方法与过程,并研究已调波与二输入信号的关系。
② 掌握测量调幅系数的方法。
③ 通过实验中波形的变换,掌握分析实验现象的方法。

二、实验仪器

双踪示波器,高频信号发生器,万用表,实验板。

三、实验原理

幅度调制就是载波的振幅受调制信号的控制做周期性的变化。变化的周期与调制信号相同,即振幅变化与调制信号的振幅成正比。通常称高频信号为载波信号,低频信号为调制信号,调幅器即为产生调幅信号的装置。

本实验采用集成模拟乘法器 1496 来构成调幅器,图 4.5 为 1496 芯片内部电路图,它是一个四象限模拟乘法器的基本电路。电路采用了两组差分对,由 $V_1 \sim V_4$ 组成,以极性方式相连接,而且两组差分对的恒流又组成一对差分电路,即 V_5 与 V_6。因此恒流源的控制电压可正可负,以此实现了四象限工作,D,V_7,V_8 为差动放大器 V_5,V_6 的恒流源。进行调幅时,载波信号加在 $V_1 \sim V_4$ 的输入端,即引脚的 8,10 之间;调制信号加在差分放大器 V_5,V_6 的输入端,即引脚的 1,4 之间;2,3 脚外接 1 kΩ 电阻,以扩大调制信号动态范围;已调制信号取自双差动放大器的两集电极(即引出脚 6,12 之间)输出。

用 1496 集成电路构成的调幅器电路如图 4.6 所示,图中 R_{P_1} 用来调节引脚 1,4 之间的平衡,R_{P_2} 用来调节 8,9 引脚之间的平衡,三极管 V 为射极限位器,以提高调幅器带负载的能力。其输出波形如图 4.7 所示。

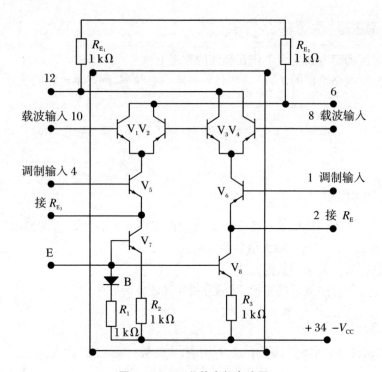

图 4.5　1496 芯片内部电路图

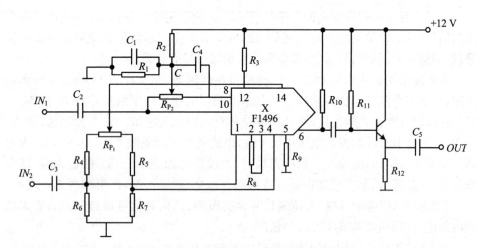

图 4.6　1496 构成的调幅器电路

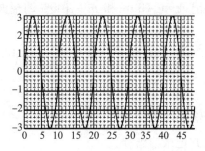
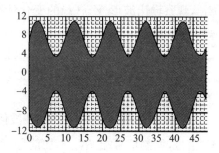

图 4.7　1496 构成的调幅器输出波形

四、实验内容

实验电路如图 4.6 所示。

1. 直流调制特性的测量

① 调 R_{P_2} 电位器使载波输入端平衡,在调制信号输入端 IN_2 加峰值为 100 mV,频率为 1 kHz 的正弦信号。调节 R_{P_2} 电位器使输出端信号最小,然后去除输入信号。

② 在载波输入端 IN_1 加峰值为 100 mV,频率为 100 kHz 的正弦信号,用万用表测量 A,B 之间的电压 V_{AB},用示波器观察 OUT 输出的波形,V_{AB} 以 0.2 V 为步长,记录 R_{P_1} 由一端调至另一端的输出波形及其峰值电压,注意观察相位变化,根据公式 $V_O = KV_{AB}V_C(t)$ 计算出系数 K 的值,并填入表 4.5。

表 4.5　峰值电压

V_{AB}								
$V_{D(P-P)}$								
K								

2. 实现全载波调幅

① 调节 R_{P_1} 使 $V_{AB} = 0.1$ V,载波信号仍为 $V_C(t) = 10\sin 2\pi \times 10^5 t$ (mV),将低频信号 $V_S(t) = V_S\sin 2\pi \times 10^3 t$ (mV) 加至调制器输入端 IN_2,画出 $V_S = 30$ mV 和 100 mV 时的调幅波形(标明峰-峰值与谷-谷值),并测出其调制度 m。

② 加大示波器扫描速率,观察并记录 $m = 100\%$ 和 $m > 100\%$ 两种调幅波在零点附近的波形情况。

③ 载波信号 $V_C(t)$ 不变,将调制信号改为 $V_S(t) = 100\sin 2\pi \times 10^3 t$ (mV),调

节 R_{P_1},观察输出波形 $V_{AB}(t)$ 的变化情况,记录 $m = 30\%$ 和 $m = 100\%$ 调幅波所对应的 V_{AB} 值。

④ 载波信号 $V_C(t)$ 不变,将调制信号改为方波,幅值为 100 mV,观察记录 $V_{AB} = 0$ V,0.1 V,0.15 V 时的已调波。

3. 实现抑制载波调幅

① 调 R_{P_1} 使调制端平衡,并在载波信号输入端 IN_1 加 $V_S(t) = 10\sin2\pi \times 10^5 t$ (mV) 信号,调制信号端 IN_2 不加信号,观察并记录输出端波形。

② 载波输入端不变,调制信号输入端 IN_2 加 $V_S(t) = 100\sin2\pi \times 10^3 t$ (mV) 信号,观察记录波形,并标明峰-峰值电压。

③ 加大示波器扫描速率,观察记录已调波在零点附近的波形,比较它与 $m = 100\%$ 调幅波的区别。

④ 所加载波信号和调制信号均不变,微调 R_{P_2} 为某一值,观察记录输出波形。

⑤ 在④的条件下,去除载波信号,观察并记录输出波形,并与调制信号比较。

五、实验报告

① 整理实验数据,用坐标纸画出直流调制特性曲线。

② 画出调幅实验中 $m = 30\%$,100% 的调幅波形,在图上标明峰-峰值电压。

③ 画出当改变 V_{AB} 时能得到的几种调幅波形,分析其原因。

六、预习要求

① 预习幅度调节器有关知识。

② 认真阅读实验指示书,了解实验原理及内容,分析实验电路中用 1496 乘法器调制的工作原理,分析计算各引出脚的直流电压。

③ 分析全载波调幅抑制载波调幅信号特点,并画出其频谱图。

七、思考题

① 画出 100% 调幅波形及抑制载波双边带调幅波形,比较二者的区别。

② 画出实现抑制载波调幅时改变 R_{P_2} 后的输出波形,分析该现象。

实验四 调幅波信号的解调

一、实验目的

① 进一步了解调幅波的原理,掌握调幅波的解调方法。
② 了解二极管包络检波的主要指标、检波效率及波形失真。
③ 掌握用集成电路实现同步检波的方法。

二、实验仪器

双踪示波器,高频信号发生器,万用表,实验板 2。

三、实验内容

① 解调全载波调幅信号。
② 解调全载波信号。
③ 解调抑制载波的双边带调幅信号。

四、实验原理

调幅波的解调即从调幅信号中取出调制信号的过程,通常称之为检波。调幅波解调方法有二极管包络检波器、同步检波器。

1. 二极管包络检波器

二极管包络检波器适合于解调含有较大载波分量的大信号的检波过程,电路简单,易于实现,如图 4.8 所示,主要由二极管 D 及 RC 低通滤波器组成。它利用二极管的单向导电特性和检波负载 RC 的充放电过程实现检波,所以 RC 时间常数选择很重要。RC 时间常数过大,则会产生对角切割失真;RC 时间常数太小,高频部分会变不干净。综合考虑要求满足下式:

$$\frac{1}{f_0} \ll RC \ll \frac{\sqrt{1-m^2}}{\Omega_m}$$

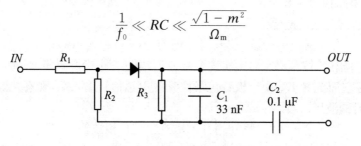

图 4.8 二极管包络检波器

其中，m 为调幅系数，f_0 为载波频率，Ω 为调制信号角频率。输入如图 4.9 所示调幅波，其输出波形如图 4.10 所示。

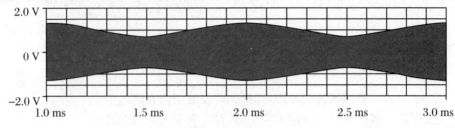

图 4.9　输入调幅波

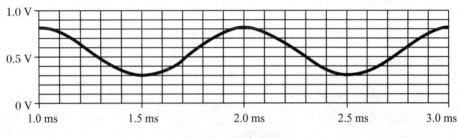

图 4.10　输出波形

2. 同步检波器

利用一个和调幅信号的载波同频同相的载波信号与调幅波相乘，再通过低通滤波器滤除高频分量而获得调制信号。本实验电路如图 4.11 所示，采用 1496 集成电路构成解调器，载波信号 V_C 经过电容 C_1 加在 8,10 脚之间，调幅信号 V_{AM} 经电容 C_2 加在 1,4 脚之间，相乘后信号由 12 脚输出，经 C_4，C_5，R_6 组成的低通滤波器，在解调输出端提取调制信号。

五、实验步骤

1. 二极管包络检波器

实验电路如图 4.8 所示。

(1) 解调全载波调幅信号

① $m = 30\%$ 调幅的检波：载波信号仍为 $V_C(t) = 10\sin(2\pi) \times 10^5 t \,(\mathrm{mV})$，调节调制信号幅度，按调幅实验中实现全载波调幅的条件获得调制度 $m < 30\%$ 的调幅波，并将它加至图 4.8 中二极管包络检波器 V_{AM} 信号输入端，观察并记录检波电容为 C_1 时的波形。

② 加大调制信号幅度，使 $m = 100\%$，观察记录检波输出波形。

③ 改变载波信号频率，$f_C = 500 \,\mathrm{kHz}$，其余条件不变，观察记录检波器输出端

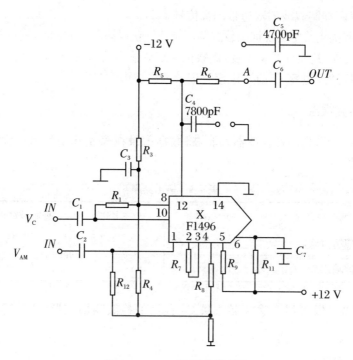

图 4.11　1469 构成的调节器

波形。

④ 恢复①的实验条件,将电容 C_2 并联至 C_1,观察记录波形,并与调制信号比较。

(2) 解调抑制载波的双边带调幅信号

载波信号不变,将调制信号 V_S 的峰值电压调至 80 mV,调节 R_{P_1} 使调制器输出为抑制载波的双边带调幅信号,然后加至二极管包络检波器输入端,观察记录检波输出波形,并与调制信号相比较。

2. 集成电路(乘法器)构成解调器

实验电路如图 4.11 所示。

(1) 解调全载波信号

① 将图 4.11 中的 C_4 另一端接地,C_5 另一端接 A,按调幅实验中实现全载波调幅的条件获得调制度分别为 30%,100% 及 >100% 的调幅波,将它们依次加至解调器 V_{AM} 输入端,并在解调器的载波输入端加上与调幅信号相同的载波信号,分别记录解调输出波形,并与调制信号相比。

② 去掉 C_4,C_5,观察并记录 $m = 30\%$ 时的输入调幅波的解调器输出波形,并与调制信号相比较,然后将电路复原。

(2) 解调抑制载波的双边带调幅信号

① 按调幅实验中实现抑制载波调幅的条件获得抑制载波调幅波,并加至图4.11的 V_{AM} 输入端,其他连线均不变,观察记录解调输出波形,并与调制信号相比较。

② 去掉滤波电容 C_4,C_5 观察并记录输出波形。

六、实验报告

① 通过一系列两种检波器实验,将数据记录在表4.6中,并说明两种检波结果异同原因。

表 4.6　输出结果

输入的调幅波波形	$m<30\%$	$m=100\%$	抑制载波调幅波
二极管包络检波器输出			
同步检波输出			

② 画出二极管包络检波器并联 C_2 前后的检波输出波形,并进行比较,分析原因。

七、预习要求

① 复习课本中有关调幅和解调原理。
② 分析二极管包络检波产生波形失真的主要因素。

八、思考题

在同一张坐标纸上分别画出同步检波解调全载波及抑制载波时去掉低通滤波器中电容 C_4,C_5 前后的波形,并分析二者为什么有区别。

实验五　变容二极管调频振荡器

一、实验目的

① 了解变容二极管调频器电路原理及构成。
② 了解调频器调制特性及测量方法。
③ 观察寄生调幅现象,了解其产生原因及消除方法。

二、实验内容

① 静态调制特性测量。
② 动态测试(需利用相位鉴频器做辅助测试)。

三、实验仪器

双踪示波器,频率计,毫伏表,万用表,实验板3。

四、实验原理

实验电路见图4.12。

1. 静态调制特性测量

输入端不接音频信号,将频率计接到调频器的 F 端。C_3(100 pF)电容分接与不接两种状态,调整 R_{P_1} 使 $E_D = 4$ V 和 $f_O = 6.5$ MHz,然后重新调节电位器 R_{P_1},使 E_D 在 0.5~8 V 范围内变化,将对应的频率填入表4.7。

表4.7 频率数据

E_D(V)		0.5	1	2	3	4	5	6	7	8
f_O(MHz)	接 C_3									
	不接 C_3									

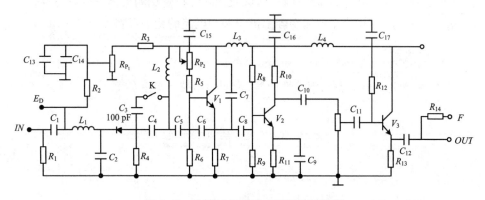

图 4.12　变容二极管构成的调频振荡器

2. 动态测试(需利用相位鉴频器作辅助测试)

实验条件:将实验板3中的相位鉴频器电路按要求接好线,即电路中 E,F,G 三个接点分别与 C_5,C_8,C_9 连接。其目的是确保鉴频器工作在正常状态下(即呈中心频率为 6.5 MHz,上下频偏及幅度对称的 S 曲线)。

① 不接 C_3 电容,调 R_{P_1} 使 $E_D = 4$ V 时,自 IN 端口输入频率 $f = 2$ kHz 的音频信号 V_M,输出端接至相位鉴频器,在相位鉴频器端观察 V_M 调频波上下频偏的关系,将对应的频率填入表 4.8。

表 4.8 动态测试频率

V_M(V)			0	0.1	0.2	0.3	0.4	0.5	0.6	0.7	0.8	0.9	1
不接 C_3	Δf(MHz)	上											
		下											
接 C_3	Δf(MHz)	上											
		下											

② 接上 C_3 电容后测试,方法同上,将对应的频率填入表 4.8。

五、实验报告

① 整理实验数据。

② 在坐标纸上画出静态调制特性曲线,并计算出其调制灵敏度 S,说明曲线斜率受哪些因素的影响。

六、预习要求

① 复习变容二极管的非线性特性,以及变容二极管调频振荡器调制特性。

② 复习角度调制的原理和变容二极管调频电路的相关资料。

七、思考题

在坐标纸上画出动态调制特性曲线,说明输出波形畸变的原因。

实验六 相位鉴频器

一、实验目的

相位鉴频器是模拟调频信号解调的一种最基本的解调电路,它具有鉴频灵敏度高、解调线性好等优点。通过本实验:

① 熟悉相位鉴频电路的基本工作原理。

② 了解鉴频特性曲线(S 曲线)的正确调整方法。

③ 将变容二极管调频器与相位鉴频器两实验板进行联机实验,进一步了解调频和解调全过程及整机调试方法。

二、实验仪器

双踪示波器,扫描仪,频率计,万用表,实验板3。

三、实验内容及步骤

实验电路见图4.13。

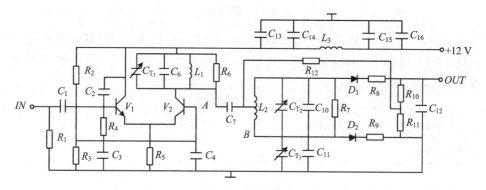

图 4.13 鉴频器

1. 用扫描仪调整鉴频器的鉴频特性

实验条件:将实验电路中 E,F,G 三个接点分别与半可调电路电容 C_{T_1},C_{T_2},C_{T_3} 连接。将扫描仪输出信号接入实验电路输入端 IN,其输出信号不宜过大,一般用 30 dB 衰减器,扫描频标用外频标,外频标源采用高频信号发生器,将其输出频率调到 6.5 MHz。

① 调整波形变换电路的回路频率:将扫描仪输入检波头插入测试孔 A,耦合电容 C_3 调到最小,此时显示屏将显示一谐振曲线图形。调 C_{T_1} 使谐振曲线的谐振频率为 6.5 MHz,此时频标应在曲线顶峰上,再加大耦合电容 C_{T_3} 的容量,输入检波头插入测试孔 B,此时显示屏幕出现带凹坑的耦合谐振曲线图形,调 C_{T_1},C_{T_2},C_{T_3} 使曲线 6.5 MHz 频标出现在中心点,中心点两边频带对称。

② 调整鉴频特性 S 曲线扫描仪输入检波探头改用双夹子电缆线,接至鉴频器输出端 OUT 即可看到 S 曲线,参见图 4.14。如曲线不理想,可适当调 C_{T_1} 使之上下对称,调 C_{T_2} 曲线为 6.5 MHz,调 C_{T_3} 使 f_0 中心点附近线形度。调好后,记录上、下二峰点频率和二峰点高度格数,即 T_M,V_M,V_N。

③ 用高频信号发生器逐点测出鉴频特性:输入信号改接高频信号发生器,输

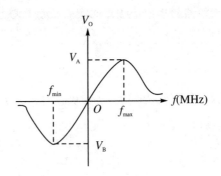

图 4.14　鉴频特性

入电压约为 50 mV,用万用表测鉴频器的输出电压,在 5.5～7.5 MHz 范围内,在每格 0.2 MHz 条件下测得相应的输出电压,并填入表 4.9,找出 S 曲线正、负两点频率 $f_{\max}, f_{\min}$ 及 V_M, V_N。

表 4.9　鉴频器输出电压

f(MHz)	5.5	5.7	5.9	6.1	6.3	6.5	6.7	6.9	7.1	7.3	7.5
V_O(MHz)											

3. 观察回路 $C_{T_1}, C_{T_2}, C_{T_3}$ 对 S 曲线的影响

① 调整电容 C_{T_2} 对鉴频特性的影响:记下 $C_{T_2} > C_{T_2} - 0$ 或 $C_{T_2} < C_{T_2} - 0$ 的变化,并与 $C_{T_2} = C_{T_2} - 0$ 曲线比较,再将 C_{T_2} 调至 $C_{T_2} - 0$ 正常位置(注:$C_{T_2} - 0$ 表示回路谐振时的电容量)。

② 调 C_{T_1} 重复①的实验。

③ 调 C_{T_3} 较小的位置,微调 C_{T_1}, C_{T_2} 得 S 曲线,记下曲线中点及上下两峰的频率($f_O, f_{\min}, f_{\max}$)和二点高度格数 V_M, V_N,再调 C_{T_3} 到最大,重新调 S 曲线为最佳,记录 $f'_O, f'_{\min}, f'_{\max}$ 和 V'_M, V'_N 的值。

定义:峰点带宽 $BW = f_{\max} - f_{\min}$,曲线斜率 $S = (V_M - V_N)/BW$,比较 C_{T_3} 最大、最小时的 BW 和 S。

4. 将调频电路与鉴频电路连接

将调频电路的中心频率调为 6.5 MHz,鉴频器中心频率也调在 6.5 MHz 的调频输出信号送入鉴频器输入端,将 $f = 20$ kHz,$V_M = 400$ mV 的音频调制信号加至调频电路输入端并进行调频。用双踪示波器同时观测调制信号和解调信号,比较二者的异同。如输出波形不理想可调鉴频器 $C_{T_1}, C_{T_2}, C_{T_3}$。将音频信号加大至 $V_M = 800$ mV,1 000 mV,…,观察波形变化,分析原因。

四、实验报告

① 整理实验数据,画出鉴别特性曲线。
② 分析回路参数对鉴频特性的影响。

五、预习要求

① 明确相位鉴频电路的基本工作原理。
② 复习角度调制的原理和变容二极管调频电路的相关资料。

六、思考题

分析在调频电路和鉴频电路联机实验中遇到的问题及解决办法,画出调频输入和鉴频输出的波形,指出其特点。

第五章 电路 CAD 实验

一、实验课程简介

"电路 CAD"是电气信息类及相关专业的专业技术课程。本课程属实践类课程,以使学生掌握操作技能为主要目的。课程主要通过实验让学生掌握使用 Altium Designer 软件设计通信电子线路的原理图及印刷电路板的方法。具体内容包括:熟悉 Altium Designer 软件使用环境和使用技巧、原理图的设计方法和常用技巧、网络表和原理图元件的编辑、印刷电路板的绘制生成和编辑技巧、印刷电路板的设计方法及各种设计规则等。然后让学生利用所学知识,掌握生产操作的基本技能,站在工艺工程师和工艺管理人员的角度认识生产的全过程,充分了解工艺工作在电子产品制造过程中的重要地位,为后续进行课程设计、毕业设计及从事电子设计、制造工作打下坚实的基础。

二、Altium Designer 软件简介

Altium Designer 是原 Protel 软件开发商 Altium 公司推出的一体化的电子产品开发系统,主要运行于 Windows 操作系统上。这套软件通过原理图设计、电路仿真、PCB 绘制编辑、拓扑逻辑自动布线、信号完整性分析和设计输出等技术的完美融合,为设计者提供了全新的设计解决方案,使设计者可以轻松进行设计,熟练使用这一软件必将使电路设计的质量和效率大大提高。

Altium Designer 除了全面继承了包括 Protel 99SE,Protel DXP 在内的先前一系列版本的功能和优点外,还有了许多改进之处。该平台拓宽了板级设计的传统界面,全面集成了 FPGA 设计功能和 SOPC 设计实现功能,因此允许工程设计人员将系统设计中的 FPGA 与 PCB 设计及嵌入式设计集成在一起。

实验一 Altium Designer 软件的基本操作

一、实验目的

① 了解电子电路的基础知识。

② 了解 Altium Designer 软件的发展。
③ 熟悉 Altium Designer 10 操作界面，了解它的主要功能和特点。
④ 掌握文件的组织和管理方法。
⑤ 能绘制简单的电路图。

二、实验仪器

计算机，Altium Designer 软件。

三、实验原理

电子设计技术的发展加快了电子产品更新换代的步伐，进一步推动了信息社会的发展。电子设计自动化（EDA）技术是推动电子设计发展的重要技术。EDA 主要辅助三个方面的设计工作，包括电子电路设计及仿真、印制电路板设计、可编程集成电路（IC）设计及仿真。印制电路板是所有设计步骤的最终环节，所有电气连接的实现最终都依赖于印制电路板的设计。

1. 电子电路基本知识

电路板指的就是印制电路板（Print Circuit Board，PCB），包括印制电路和印刷元器件或者两者组合而成的电路。一个完整的电路板应当包括具有特定电气功能的元器件，以及这些元器件间电气连接的铜箔、焊盘及过孔等导电器件。

（1）电路板的组成和连接方式

通过一定的制作工艺，在绝缘基板上覆盖一层铜箔制成覆铜板，根据设计要求在覆铜板上刻蚀出电路板图的导线，钻出印制电路板安装定位孔及焊盘，并做金属化处理，以实现焊盘和过孔在不同层之间的电气连接，即印制电路板，简称印制板。图 5.1 为印制电路板的设计效果。

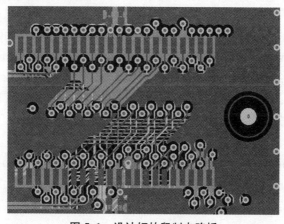

图 5.1 设计好的印制电路板

电路板内的电气构成主要包括两部分：一部分是电路板上具有电气特性的点（焊盘过孔及由焊盘的集合组成的元器件），一部分是把这些点连接起来的的铜箔（导线及填充物）。

(2) 板层结构

印制电路板常见的板层结构包括单层板、双层板、多层板三种。

单层板即只有一面覆铜的电路板，通常覆铜的一面用于布线和焊接，另一面用于放置元器件。

双层板即两个面都覆铜的电路板，通常一面称为顶层，另一面称为底层，顶层多作为元件层，底层多作为焊接面。

多层板即包含多个工作层面的电路板，除顶层和底层外还包括多个中间层，层与层之间绝缘，通过过孔来实现层与层之间的连接。

印制电路板包括许多类型的工作层面，主要有信号层、防护层、机械层、丝印层和内部电源层等。

(3) 元器件封装的基本知识

元器件封装是指将元器件焊接到电路板上时，电路板所显示的外形和焊点位置的关系。封装不仅起着安放、固定、密封和保护芯片的作用，还是芯片内部和外部沟通的桥梁。

不同的元器件可以有相同的封装，相同的元器件也可以有不同的封装。常用的封装有直插和表贴两种形式。

2. Altium Designer 简介

(1) 发展简史

Protel 系列是最早传入我国的 EDA 软件，在国内覆盖率高，使用范围广，相关参考资料丰富，目前已成为国内电子线路设计人员必须掌握的基础工具之一。

20 世纪 80 年代中期 Protel Technologies 公司推出 Protel for DOS 以后，Protel 这个名字在业内日益响亮；20 世纪 80 年代末期推出 Protel for Windows 1.0，Protel for Windows 1.5 等版本；1998~2003 年中，每年 Protel 公司都对软件进行版本的升级；2001 年 8 月 Protel 公司更名为 Altium 公司。2006 年初 Altium 公司推出了 Protel 系列的高端版本 Altium Designer 6.0。一直到今天，Altium 公司一直致力于本款软件的研发和升级。

(2) 开发环境

Altium Designer 的开发环境是设计人员和 Altium Designer 交流的地方，所有 Altium Designer 的功能都是从这个环境中启动的。软件启动后会自动进入其主界面，在主界面进行一系列的操作。Altium Designer 10 的操作界面如图 5.2 所示。

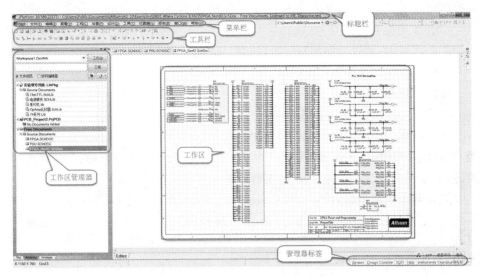

图 5.2　Altium Designer 10 的操作界面

① 标题栏。主窗口大小可通过窗口控制按钮进行调整,一般有三种状态:最大化窗口、一般化窗口和最小化窗口。最大化窗口覆盖整个桌面,最小化窗口在桌面上没有属于自己的区域,只在任务栏上有一个标题按钮,一般化窗口的大小是可以调整的。

② 菜单栏。菜单栏位于 Altium Designer 界面的左上方,启动 Altium Designer 后,系统显示 DXP、文件、查看、放置、设计、报告和帮助等基本操作菜单项。

③ 工具栏。Altium Designer 的主窗口总是在固定位置显示一个主工具栏,不同的编辑器对应不同的工具栏,以方便用户的操作。菜单项的运行基本都可以通过工具栏按钮来实现。

④ 工作区。工作区位于 Altium Designer 界面的中间,是用户编辑各种文档的区域。没有编辑对象打开时,工作区将自动显示为系统的主页。主页内列出了常用的任务命令,单击某个命令即可快速启动相应的工具模块。

(3) 基本功能

用户在查看、编辑对象或应用规则时有完整的控制能力,用户能够对项目中的所有对象进行通用列表的查看,对多个对象进行过滤和选择,还能快速方便地对设计进行全局编辑。

在文件管理和设计集成度方面,主要表现为可进行项目双向同步更新和通用的输出配置,并且具有强大的错误检查功能、文件对比功能,以及项目设计教研和调试功能。

Altium Designer 能够进行综合信号仿真,使用户在原理图的设计阶段就能正确分析电路的工作状态及合理性。在原理图编辑器中启动混合信号的 SPICE 3f5/XSpice 电路仿真软件,系统将按照用户的要求实现仿真分析。仿真结果将以波形的形式显示,而且波形观察仪可以同时显示多个波形。

(4) 电路设计的基本流程

电路设计的基本流程:案例分析→电路仿真→元器件绘制→电路原理图绘制→元器件封装绘制→PCB 电路板设计→文档整理。

使用过程中用户可以完全控制整个板的设计进程。PCB 编辑器提供了 10 大类 49 种设计规则,覆盖了元件的电气特性、走线宽度、走线拓扑布局、表贴焊盘、电阻层、电源层、测试点、电路板制作、图件布局和信号完整性等设计过程。

除自动布线功能外,Altium Designer 还提供了交互式布线连接,并有多种布线模式,主要有以下内容:工作层包含 32 个信号层、16 个内平面、16 个机械覆层,以及其他工作层;完全支持埋孔和盲孔;互动和自动化布局特性;人工、互动和自动布线;多通道设计支持;多板卡变量支持;源文件和目标板卡设计的自动同步与更新;通用的输入、输出功能。

Altium Designer 能够便捷地输出多种文件,主要包括电路图和 PCB 打印输出、网络表、制造文件和物料单、材料明细表等。打印之前可以对图纸进行预览,设计输出页面格式等。

3. Altium Designer 的组成及主要功能

(1) 原理图设计系统

原理图设计是整个 PCB 设计的基础,基本思想是在计算机软件的设计过程中将电路设计概念以图形的形式表现出来。Altium Designer 的原理图设计系统具有以下特点:

① 丰富的元件库以及集成化管理。Altium Designer 提供了一套丰富的元件库,库中几乎包含了所有元器件厂家生产的元件种类,用户可以从元件库的面板中直接查看到元件的原理图符号、封装名称以及封装形式。

② 支持分层组织的模块化设计方法。Altium Designer 10 支持分层组织的模块化设计方法,即可以将一个复杂的设计项目化整为零,逐个完成。在设计过程中将一个系统划分为若干子系统,然后将子系统划分为若干功能模块,再将功能模块划分为若干基本模块,最后定义好各部分之间的连接关系即可。

③ 丰富灵活的编辑功能。Altium Designer 10 丰富灵活的编辑功能主要体现在以下几个方面:

A. 自动连接功能。在原理图设计中,可利用专门的自动化特性来加速电气件连接电气栅格,并提供所有电气件的自动连接。这些电气件被激活时,一旦光标移动到电气栅格的范围内,它就自动跳到最近的电气结点上,此时光标形状发生变化,将连接点这一特性和自动加入连接点特性配合使用时,连线效率就会得到极大提高。

B. 交互式全局编辑。左键双击任何设计对象(如元件、连线、图形符号、字符等),都能打开相应的属性对话框,此时可以修改设计对象的属性。修改后的属性能够扩展到同一类型的所有其他对象,从而实现全局修改。

C. 便捷的选择功能。可以对全局或单个选项灵活选择,对于选中的对象,可以进行移动、旋转、剪切、复制、粘贴、清除等操作。

D. 在线编辑元件参数及引脚。可以在属性面板上修改元件参数及引脚,可以对引脚进行增加、删除及修改顺序等操作。

① 自动化设计。原理图设计系统可以对用户的设计进行指定的物理逻辑特性检查,输出各种冲突的报表,同时将错误结果直接标记在电路图中。

② 查询功能。Altium Designer 10 支持多种查询,包括完整结果查询、语句查询、元件库查询、元件查询、文本查询等。

③ 与 PCB 的双向设计同步功能。Altium Designer 10 支持双向设计同步。同步功能用户在设计电路的过程中保证 PCB 文件与 SCH 文件的同步更新。

在 Altium Designer 10 中用户可以随时通过修改网络表文件及使用原理图编辑器的设计同步器,来实现 PCB 文件与 SCH 文件之间的同步。在信息向 PCB 文件传递的过程中,系统会自动更新 PCB 文件中的电气连接,并会针对错误的连接向用户报警。

(2) 印制电路板设计系统

PCB 是整个电路板设计的关键,这一过程包括电路板形状及结构的定义、机械及电气特性规则的设置、电路板的布局及布线,以及后续的覆铜、添加安装卡及注释等设计。设计完成之后使用设计规则检查(DRC)来保证电路板与电气连接原理图的一致性。主要体现在以下几个方面:

① 详细的设计法则。Altium Designer 10 印制电路板设计系统提供了细致的设计分类法则,采用了树形结构的分类方式,便于用户浏览。

② 过滤功能。Altium Designer 10 具有工作区间的过滤功能,需要重点显示的网络线或元件能够高亮显示,如图 5.3 所示,便于用户查看和操作。

③ 封装库的编辑。创建新的元件封装后,可以使用元件封装管理器进行管理,可以对库进行的操作有元件封装的浏览、添加和删除,以及通过字母或文字搜索获得组件信息等。Altium Designer 10 封装库具有以下特点:可以进行交互式全局编辑和多层撤销或重做,支持飞线和网络编辑,手工重布线可自动去除回路等。

④ 单层显示功能。在 PCB 的编辑过程中可以对不需要显示的图层进行屏蔽,

只显示当前的工作图层。

⑤ 电路仿真功能。Altium Designer 10 集合了更为完善的电路仿真功能,不仅可以导出波形数据,还可以同时显示多个波形。

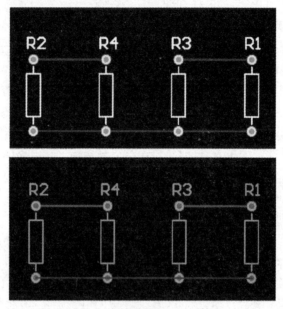

图 5.3　过滤前后外观对比图

4．文件的组织和管理

(1) 文件类型

Altium Designer 支持多种文件格式,包括原理图文档、PCB 文档、结构文件,以及材料报表清单等。为了更好的组织和管理这些文档,Altium Designer 引入了设计工程的概念。

文件类型分项目文件、自由文件和存盘文件三种。

设计中生成的一切文件都是项目文件。在项目文件中可以对文件进行各种操作,如新建、打开、关闭、复制和删除等。项目文件只起管理作用。保存文件时,项目文件以及项目中的各个文件都是以单个文件的形式保存的,只有完成了项目中各个文件的保存后才能进行项目文件的保存。

自由文件是指游离于项目文件之外的文件,通常将这些文件存放在唯一的文件夹中。自由文件的生成一般有两个途径,某文件从项目文件夹中被删除时,并没有从 Project 管理器中消失,而是成为自由文件,这有利于误删操作的恢复。但如果用户在项目中关闭了文件后再删除,该文件就会从 Project 管理器中彻底消失。

文件存盘时生成的文件即存盘文件。

(2) 文件管理

文件管理主要通过 File 菜单中的各个命令来实现。

"新建":新建一个空白文件,包括原理图文件、PCB 文件、库文件、文本,以及其他各种文件。

"打开":打开已存在的 PCB 文件,用户可以按需选择要打开的文件对象或设计数据库。

"关闭":关闭当前打开的设计文件或设计库。

"全部保存":保存当前打开的文件。

"导入":把其他位置的任何文件导入当前设计项目中,使之成为当前设计数据库中的一个文件。

(3) 文件编辑

可对对象进行复制、粘贴、剪切和删除等编辑操作,这些文件编辑工具位于编辑菜单中。

"剪切":对选中对象进行剪切,将剪切文件暂时保存在剪贴板上,以进行后续操作。

"复制":将选中的文件复制到剪贴板上,以进行粘贴。

"粘贴":将已保存在剪贴板中的文档复制到当前位置。

"删除":删除选中的文件。

(4) 绘制原理图基本操作

① 执行菜单命令 File/New/Schematic,启动原理图编辑器。

② 执行菜单命令 File/Save,输入原理图文件名并保存。

③ 执行命令 Library/Search,查找相应元器件,如图 5.4 所示。

④ 执行菜单命令 Place/Wire,对放置好的元件连线。

⑤ 绘制如图 5.5 所示的基本放大电路原理图。

四、内容及步骤

① 了解电子电路的基础知识及 Altium Designer 软件的发展简史。

② 熟悉 Altium Designer 10 操作界面。

③ 了解 Altium Designer 的主要功能和特点。

五、实验报告

按照要求绘制电路并打印。

六、预习要求

熟悉电子电路基本知识及软件的基本功能。

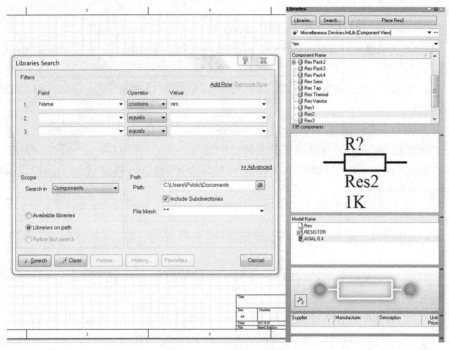

图 5.4　元器件查找图

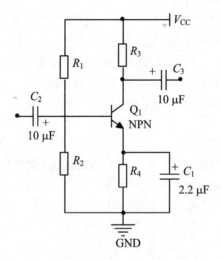

图 5.5　基本放大电路原理图

七、思考题

① 简要介绍电路板层的结构。
② Altium Designer 软件主要有哪几个基本模块组成？

实验二　总线电路原理图的绘制

一、实验目的

① 掌握网络标号的放置、总线与分支线的放置，以及输入和输出端口的放置。
② 掌握元件对象的整体编辑及排列。

二、实验仪器

计算机，Altium Designer 软件。

三、实验原理

① 在电路原理图中放置元件。选择要放置的元件，然后点击 Place 按钮，或者，直接双击该元件的文件名。光标会变成十字准线叉丝状态，并且一个元件紧贴着光标，这时处于放置状态。如果移动光标，元件将跟着移动。

② 将元件放置在原理图中之前，应该先设置元件属性。当元件贴着光标，点击 Tab 键，打开 Component Properties 属性框。通过修改属性框中的各部分内容来确定元件参数。

③ 移动光标，移到图纸上相应位置，点击鼠标或者按下 Enter 键来完成放置。

④ 移开光标，在原理图上将出现该元件，并且鼠标仍处于放置状态，元件仍然贴着光标。Altium Designer 的功能是允许反复重复放置同一元件，所以现在可放置与第一个元件相同的第二个元件。由于该元件跟原来的一样，所以在放置元件时不需要再次编辑元件的属性。Altium Designer 将自动增加指定名字中的数字后缀，所以放置的第二个元件的名称在上一个名称基础上增一。

⑤ 所有该种元件都放置完毕后，可以通过点击右键或按下 Esc 键来退出放置状态。光标又回到的原来的样子。

四、实验内容及步骤

① 新建项目文件。新建一个名为"实验2.PrjPCB"的文件。

② 新建原理图文件。新建一个名为"实验2.SchDoc"的原理图文件。

③ 放置元件。放置如图5.6所示电路中的所有元件。

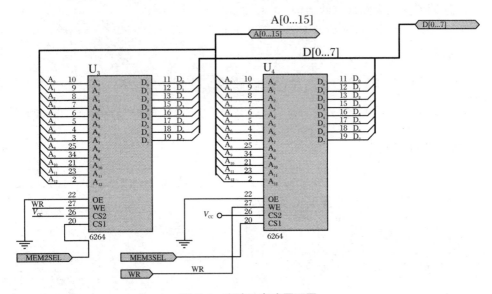

图 5.6 实验二电路原理图

④ 放置总线。单击工具菜单 ，或者单击菜单 Place/Bus，绘制总线。

⑤ 放置分支线。单击工具菜单 ，或者单击菜单 Place/Bus Entry，绘制总线分支。

⑥ 放置分支上的网络标号。单击工具菜单 ，或者单击菜单 Place/Net Label，放置网络标号。

⑦ 放置其余导线、网络标号。利用导线和网络标号工具，放置其余需要连接的导线和网络标号。

⑧ 放置 I/O 端口。单击工具菜单 ，或者单击菜单 Place/Port，放置 I/O 端口。

⑨ 添加说明性文字。

⑩ 保存。

五、实验报告

按照实验内容及步骤完成实验，并打印绘制好的图形。

六、预习要求

掌握实验基本操作步骤,理解各步骤的意义和给定电路的结构。

七、思考题

① 总线分支有何作用?如何绘制?
② 如何放置网络标号?
③ 如何修改 I/O 端口的属性?

实验三　层次原理图的绘制

一、实验目的

① 掌握层次原理图的绘制方法。
② 理解原理图模块化的设计方法及菜单和工具栏的基本使用。

二、实验仪器

计算机,Altium Designer 软件。

三、实验原理

在进行原理图设计时,有多种组织图纸的方案。原理图可以由单一图纸组成或由多张关联的图纸组成,不必考虑图纸号,Altium Designer 将每一个设计当作一个独立的方案。设计可以包括模块化元件,这些模块化元件可以建立在独立的图纸上,然后与主图连接。独立的维护模块允许几个工程师同时在同一方案中工作,也可被不同的方案重复使用,便于设计者利用小尺寸的打印设备。

如图 5.7 所示,我们看到许多矩形框,这些叫作原理图模块,每一个原理图模块里包含一张图纸,一个总原理图可以包含多个子原理图。选择 Design/Create Sheet from Symbols 由符号生成图纸,如果已经画好原理图,选择 Design/Create Symbol Form Sheet 由图纸生成符号。利用工具条上的↑,↓点取输入端口,可以在总原理图与子原理图之间切换。

例如图 5.8 中的一个模块 CPU Clock,其对应的实际电路图为图 5.9。

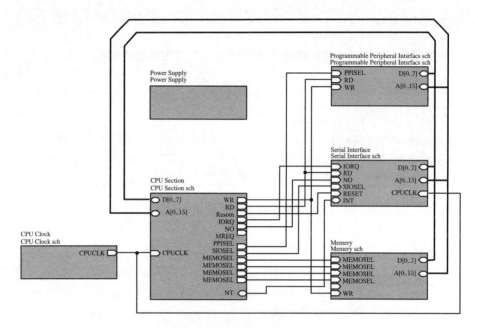

图 5.7 层次原理图总图

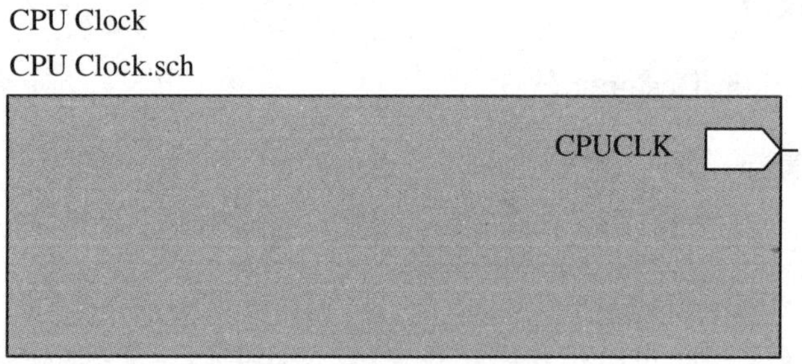

CPU Clock
CPU Clock.sch

CPUCLK

图 5.8 CPU Clock 模块

四、实验内容及步骤

(1) 新建文件

单击菜单 File/New/PCB Project,新建工程项目文件并保存。

(2) 绘图

按照图 5.8 绘制母图,并将 CPU Clock 模块的对应子图也画出来。

① 单击菜单 File/New/Schematic,新建原理图文件并保存。

② 单击菜单 Place/Sheet Symbol,或单击 Wring 工具栏中的 按钮,依次

放置相应方块电路(图5.10),修改其属性。

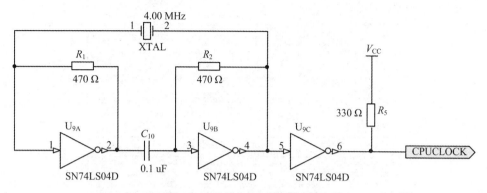

图5.9　CPU Clock 实际原理图

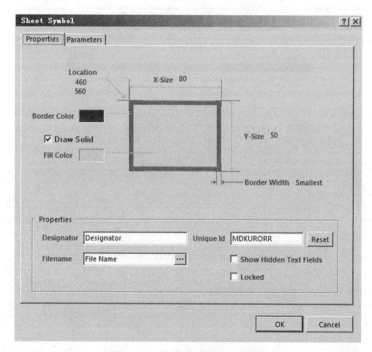

图5.10　方块电路属性对话框

③ 单击菜单 Wring 工具栏的 ▣ 按钮,放置方块电路端口,并修改其属性,如图5.11所示。

④ 连线。根据各方块电路电气连接关系,用导线或总线将端口连接起来,并添加网络标号。网络标号属性修改对话框如图5.12所示。

(3) 创建及绘制子图

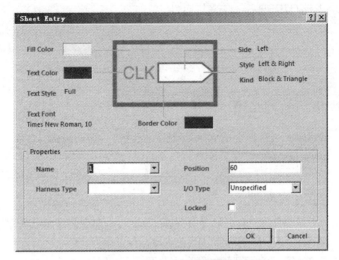

图 5.11　方块电路端口属性对话框

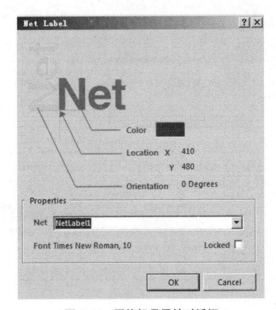

图 5.12　网络标号属性对话框

① 在母图中,单击菜单 Design/Create Sheet from Symbol,此时鼠标变为十字形。

② 将十字光标移到 CPU Clock 模块方块电路内。

③ 单击鼠标左键,系统将弹出如图 5.13 所示的对话框,单击 No 按钮,生成子图,且自动布置与该方块电路相对应的 I/O 端口。

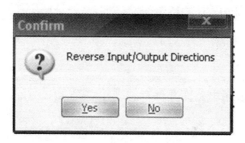

图 5.13　转换端口方向对话框

④ 绘制 CPU Clock 模块电路子图。

五、实验报告

按照实验内容及步骤完成实验,并打印绘制好的图形。

六、预习要求

掌握实验基本操作步骤,理解各部分的含义及电路结构。

七、思考题

① 层次原理图相比普通原理图有何优点?
② 如何实现母图与子图之间的切换?

实验四　原理图报表输出

一、实验目的

① 掌握网络表的生成,理解网络表的含义。
② 熟悉原理图报表的输出。

二、实验仪器

计算机,Altium Designer 软件。

三、实验原理

网络表是生成 PCB 的一个条件检测表格,查看原理图是否可以生成 PCB。网络表主要包含各元件的封装、名字、大小等基本属性,这都是生成 PCB 所需要的。

网络表是连接原理图和 PCB 的桥梁。

四、实验内容及步骤

1. 绘制电路图

绘制如图 5.14 所示电路图并保存。

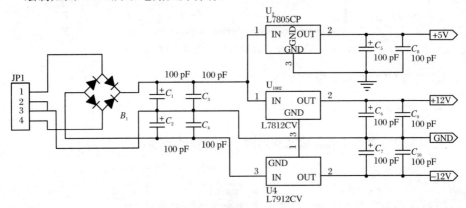

图 5.14　实验四电路原理图

2. 产生网络表

① 设置网络列表选项。执行菜单命令 Design/Netlist for Project/Protel，即在本项目路径下产生网络表文件并自动存放在当前工程目录下，如图 5.15 所示。双击该网络表文件名称，即可查看网络表内容。

图 5.15　实验四网络表生成

② 完成后在 Projects 面板中生成"实验四.NET"文件。

3. 产生元件列表

① 打开原理图文件，执行 Reports/Bill of Material（BOM）命令。

② 执行该命令后,系统会弹出如图 5.16 所示的 BOM 预览窗口,在此窗口可以看到原理图的元件列表。

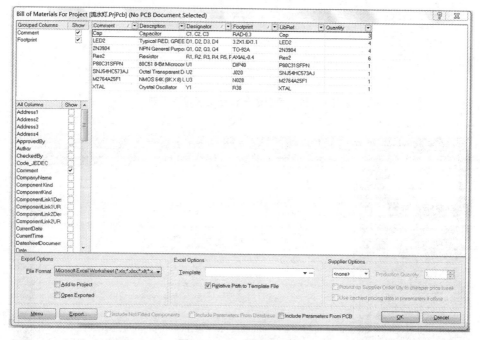

图 5.16 BOM 预览窗口

③ 如果单击 Report... 按钮,则可以生成预览元件报告。

④ 如果单击 Export... 按钮,则可以将元件报表导出,此时系统会弹出导出项目的元件表对话框,选择需要导出的一个类型即可。

⑤ 如果单击 Excel... 按钮,系统会打开 Excel 应用程序,并生成以 .xsl 为扩展名的元件报表文件。

4. 产生元件交叉参考表

① 执行 Reports/Component Cross Reference 命令。

② 执行该命令后,系统会弹出项目的元件交叉参考表窗口,在此窗口可以看到原理图的元件列表。

③ 如果单击 Menu 按钮,选择 Report 则可以生成预览元件交叉参考表报告,如图 5.17 所示。

5. 打印原理图

① 打开原理图文件,执行 File/Print Preview…命令,弹出如图 5.18 所示的打印预览界面。

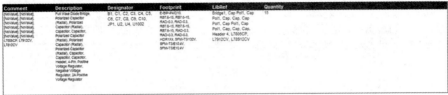

图 5.17　项目的元件交叉参考表窗口

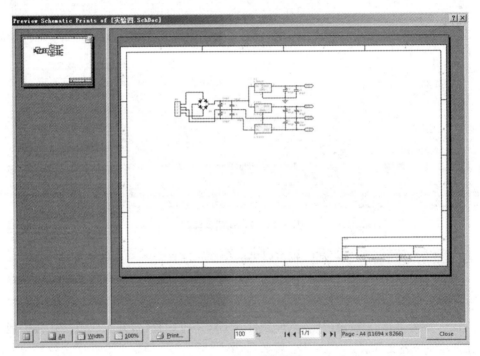

图 5.18　打印预览界面

② 单击打印预览界面左下方的 ▦ 目录按钮,隐藏左侧的缩略图,显示整页的打印预览。分别单击宽度(100%比例按钮),观察打印输出的结果。

③ 在原理图中选择全部对象,单击移动工具 ✛ 将绘制的对象向下偏左的位置移动。

④ 单击打印预览界面,显示整页的打印预览。

⑤ 单击打印按钮,弹出打印机配置对话框,如图 5.19 所示。

⑥ 打印输出。

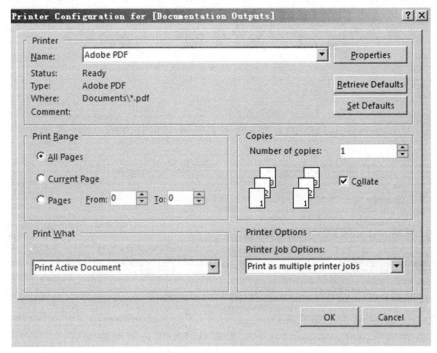

图 5.19　打印机配置对话框

五、实验报告

绘制电路图,并且打印出或者输出实验内容中所述的各种报表。

六、预习要求

掌握实验基本操作步骤,理解各部分的含义及电路结构。

七、思考题

① 网络表有什么作用?
② 元件列表有什么实际意义?它与元件交叉参考表有什么区别?
③ 说明使用打印机打印原理图的操作方法。

实验五　原理图元件库的管理和元件的制作

一、实验目的

① 掌握原理图元件库的管理、调用和元件的查找方法,记住常用元件所在的库。

② 学会制作库中没有的元件。

二、实验仪器

计算机,Altium Designer 软件。

三、实验原理

在原理图编辑过程中,由于下列原因,可能需要修改已有元件的电气图形符号或创建新元件的电气图形符号。

① 在 Altium Designer 元件电气图形符号库中找不到所需元件的电气图形符号。

② 元件图形符号不符合要求,如分立元件电气图形库 Miscellaneous Devices. IntLib 中二极管、三极管的电气图形符号与 GB 4728—85 标准不一致。

③ 元件电气图形符号库内引脚编号与 PCB 封装库内元件引脚编号不一致。

④ 元件电气图形符号尺寸偏大,如引脚太长,占用图纸面积大,不利于绘制元件数目多的原理图。

在 Altium Designer 中修改、创建元件电气图形符号非常简便,在元件电气图形符号编辑器 SchLib 窗口内,通过"画图"工具即可绘制出元件电气图形符号的雏形,添加引脚后即可获得元件的电气图形符号。既可以在原有元件库内增加新元件的电气图形符号,也可以创建新元件库。

下面以 LED 数码显示器为例,介绍从头制作一个元件电气图形符号的操作过程。

1. 新建原理图元件库

选择菜单 File/New/Library/Schematic Library,进入元件库编辑器,如图 5.20 所示。

2. 保存新建原理图元件库

单击保存 按钮,弹出保存文件对话框,为新建元件库命名并保存。

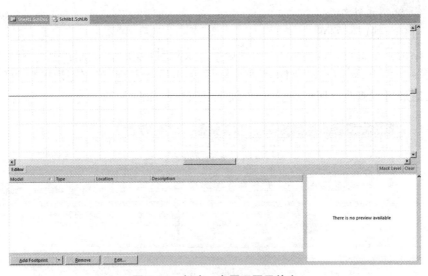

图 5.20 新建一个原理图元件库

3. 定义元件属性

点击菜单 Tools/Component Properties…,弹出属性对话框,如图 5.21 所示。修改其属性:Designator(默认元件编号):DS?;Comment(默认注释):DPY_8 - SEG;Library Ref(元件库中的型号):DPY_8 - SEG。其他参数不变,修改完后,单击 OK 按钮。

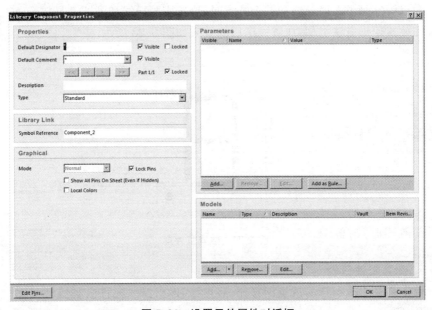

图 5.21 设置元件属性对话框

4. 绘制元件外形

(1) 绘制矩形外框

单击菜单 Place/Rectangle 绘制矩形。放置时,首先单击鼠标左键,确定矩形的第一个顶点,然后拖动鼠标至适当大小,单击鼠标左键,确定矩形的对角顶点。双击矩形可以修改其属性,包括边框线宽、颜色等,如图 5.22 所示。

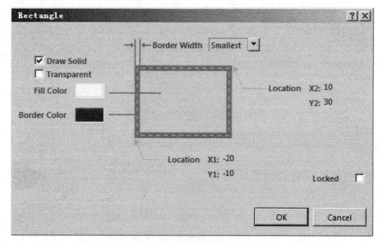

图 5.22　修改元件外形属性

(2) 绘制数码管笔画

数码管笔画由七段导线和一个圆点组成,选用画导线和画圆工具放置,放置的方法和放置矩形方法类似,放置完毕后的效果如图 5.23 所示。

图 5.23　数码管外形

5. 放置元件引脚

单击菜单 Place/Pin,放置时按下 Tab 键,弹出修改元件引脚属性对话框,如图 5.24 所示。

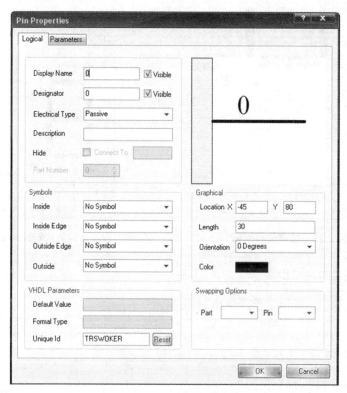

图 5.24　修改元件引脚属性对话框

修改内容如下：

Display Name(引脚显示名称)：共十个引脚，依次输入 e,d,com,c,dp,b,a,com,f 和 g。

Designator(引脚序号)：在这里依次输入 1,2,3,…,10。

Electrical Type：除 3 脚和 8 脚选用 Power 外，其余引脚均选用 Input。

Length(长度)：30 mil。

提示：放置元件引脚时需将引脚名称对准元件，即有十字标注一端朝外，否则，没有电气连接。正确放置方法如图 5.25 所示。

6. 元件重命名

单击菜单 Tools/Rename Component，弹出元件重名对话框，输入 DPY_8‑SEG。

7. 保存元件库

单击保存 按钮保存原理图元件库。生成的八段数码管原理图库元件如图 5.26 所示。

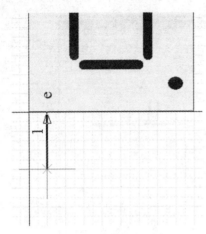
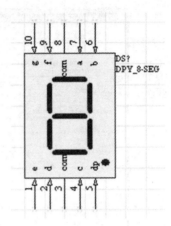

图 5.25 放置元件引脚　　　　　图 5.26 八段数码管原理图库元件

四、实验内容及步骤

① 据图 5.27 所示电路绘制电路原理图。

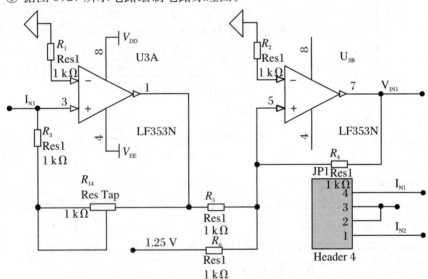

图 5.27 实验五电路原理图

② 制作元件,要求所有元件均由自己制作。

③ 放置自己绘制的元件。

④ 连线,完成电路图。

⑤ 输出各种报表。

五、实验报告

按照实验内容完成实验,并打印绘制好的图形。

六、预习要求

掌握实验基本操作步骤,理解各部分的含义及电路结构。

七、思考题

① 简述制作原理图元件库的基本过程。
② 创建原理图元件有那几种方法?

实验六　基于 Altium Designer 的电路仿真

一、实验目的

① 掌握常用仿真元件库设置方法,菜单栏的基本使用,工具栏的基本使用。
② 理解激励源设置方法。
③ 了解常用波形管理命令。

二、实验仪器

计算机,Altium Designer 软件。

三、实验原理

1. 简易整流稳压电路的仿真分析

下面以自激多谐振荡电路的仿真来讲述电路仿真的具体步骤。

① 设计仿真原理图文件。绘制如图 5.28 所示的自激多谐振荡电路图。

② 双击电路中的 V1 元件,弹出该元件属性对话框。双击元件属性对话框右下角 Simulation 项,打开 Sim Model-Voltage Source/Sinusidal 对话框,在该对话框中将信号源的频率设置为 1 kHz,幅值设置为 1。

③ 执行菜单命令 Design/Simulate/Mixed Sim ,弹出 Analyses Setup 对话框。对仿真原理图进行瞬态分析,观察 Q1B、Q1C、Q2B、Q2C 四处的分析结果。

④ 选中 Temperature Sweep 复选框,进行温度扫描分析,起始扫描温度为 －10 ℃,停止扫描温度为 120 ℃,步长设置为 5 ℃。

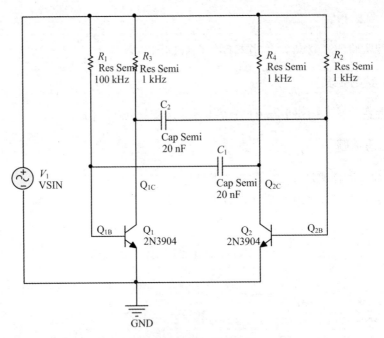

图 5.28　整流稳压电源

⑤ 选中 Monte Carlo Analysis 复选框，参数设置如图 5.29 所示。

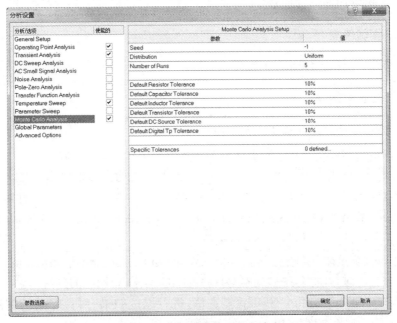

图 5.29　设置蒙特卡罗分析参数

⑥ 单击"确定"按钮，运行仿真，可以得到如图 5.30 所示的 Q_{1B} 信号的瞬态分析、瞬态分析中的蒙特卡洛分析及温度扫描分析的波形。当仿真完成后，仿真器输出.sdf 文件，显示仿真分析波形。当.sdf 文件处于打开状态时，通过菜单命令和工具栏可对显示图形和表格进行分析和编辑。

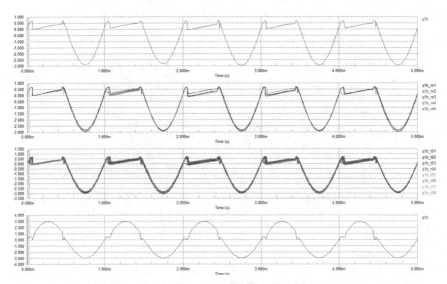

图 5.30　Q_{1B} 信号的瞬态分析、瞬态分析中的蒙特卡罗分析及温度扫描分析波形

提示：在仿真的过程中，系统会同时创建 SPICE 网络表。完成仿真分析后，仿真器就生成一个后缀为.nsx 的文件，.nsx 文件为原理图的 SPICE 模式表示。如图 5.31 所示。打开.nsx 文件，系统切换到仿真器界面，执行 Simulate/Run 命令即可实现电路仿真。当仿真完成后，同样是输出.sdf 文件。这种文件和直接通过原理图进行仿真生成的波形文件相同。

⑦ 通过仿真结果完善原理图设计。输出.sdf 文件显示了一系列的波形，借助这些波形，可以很方便地发现设计中的不足和问题，从而不必经过实际的制板，就可修正原理图。

2. 系统的元器件库

系统为用户提供了一个常用分离元器件库，即 Miscellaneous Devices.IntLib。这个库为用户提供了各种常用的元器件，如电阻、电容、电感、晶振、二极管、三极管等，其中多数都具有仿真模型。当这些元器件被放置在电路原理图中并进行常规属性设置以后，相应的仿真参数也同时被系统默认设置，可以直接进行仿真。

在仿真的过程中，有时还会用到一些专用于仿真的特殊元器件，它们存放在系统的 Simulation Source.IntLib 集成库中，包括节点电压初值、节点电压、仿真数学函数。另外，Altium Designer 提供了多种电源和仿真激励源。常用的电源有直流电压源 VSRC 和直流电流源 ISRC,分别用来提供一个不变的电压信号和一个不变的电流信号。仿真激励源包括正弦信号源、周期脉冲源、分段线性激励源、指数激励源和单频调频源。

```
实验7
*SPICE Netlist generated by Advanced Sim server on 2017/2/26 20:07:34

*Schematic Netlist:
C1 Q1B Q2C 20nF CAP
C2 Q1C Q2B 20nF CAP
Q1 Q1C Q1B 0 2N3904
Q2 Q2C Q2B 0 2N3904
R1 Q1B NetR1_2 100K RES
R2 Q2B NetR1_2 1K RES
R3 Q1C NetR1_2 1K RES
R4 Q2C NetR1_2 1K RES
V1 NetR1_2 0 DC 0 SIN(0 3 1K 0 0 0) AC 3 0

.SAVE 0 NetR1_2 Q1B Q1C Q2B Q2C V1#branch @V1[z] @C1[i] @C2[i] @Q1[ib] @Q1[ic]
.SAVE @Q1[ie] @Q2[ib] @Q2[ic] @Q2[ie] @R1[i] @R2[i] @R3[i] @R4[i] @C1[p] @C2[p] @Q1[p]
.SAVE @Q2[p] @R1[p] @R2[p] @R3[p] @R4[p] @V1[p]

*PLOT TRAN -1 1 A=Q1B A=Q1C A=Q2B A=Q2C
*PLOT OP -1 1 A=Q1B A=Q1C A=Q2B A=Q2C

*Selected Circuit Analyses:
.TRAN 2E-5 0.005 0 2E-5
.OP
.CONTROL
```

图 5.31 原理图 SPICE 网络表

由于仿真程序中一般只对每个元器件两端的电压、流过的电流及消耗的功率进行自动仿真,而对于电路中的节点位置的表示并不明确。因此,用户应该在需要观测的电路关键位置添加明确的网络标签,便于在仿真结果中有针对性地进行查看。

3. Altium Designer 中允许的分析类型

(1) 直流工作点分析

直流工作点分析用于测定带有短路电感和开路电容的电路的直流工作点。

在测定瞬态初始化条件时,除了已经在 Transient Analysis/Transient Analysis Setup 中设置使能 Use Initial Conditions 参数的情况外,直流工作点分析优先于瞬态分析。同时,直流工作点分析优先于交流小信号、噪声和零极点分析。为了保证测定的线性化,电路中所有非线性的小信号模型,在直流工作点分析中将不考虑任何交流源的干扰因素。

(2) 瞬态分析

瞬态分析用于描述时域中瞬态输出变量的值。在未设置使能 Use Initial Conditions 参数时,对于固定偏置点,计算偏置点和非线性元件的小信号参数时节点初始值也应考虑在内,因此初始值不为零的电容和电感也被看作是电路的一部分而保留下来。具体参数设置说明如下：

Transient Start Time：分析时设定的时间间隔的起始值(单位:s)。

Transient Stop Time：分析时设定的时间间隔的结束值(单位:s)。

Transient Step Time：分析时设定的时间增量(步长)。

Transient Max Step Time：时间增量的最大变化量。缺省状态下，其值可以是 Transient Step Time 或(Transient Stop Time－Transient Start Time)/50。

Use Initial Conditions：当使能后，瞬态分析将自原理图定义的初始化条件开始进行旁路直流工作点分析。该项通常用在由静态工作点开始的一个瞬态分析中。

Use Transient Default：调用缺省设定。

Default Cycles Displayed：缺省显示的正弦波的周期数量。该值将由 Transient Step Time 决定。

Default Points Per Cycle：每个正弦波周期内显示数据点的数量。

如果用户未确定具体输入的参数值，建议使用缺省设置；当使用原理图定义的初始化条件时，需要确定在电路设计内每一个适当的元器件上已经定义了初始化条件，或在电路中放置了 IC 元件。

(3) 傅里叶分析

一个设计的傅里叶分析是基于瞬态分析中最后一个周期的数据完成的。具体的参数设置说明如下：

Enable Fourier：在仿真中执行傅里叶分析(缺省为 Disable)。

Fourier Fundamental Frequency：由正弦曲线波叠加得到的近似信号频率值。

Fourier Number of Harmonics：在分析中应注意的谐波数。每一个谐波均为基频的整数倍。

在执行傅里叶分析后，系统将自动创建一个.sim 数据文件，文件包含了每一个谐波的幅值和相位的详细信息。

(4) 直流扫描分析

直流扫描分析就是直流转移特性分析，当输入在一定范围内变化时，输出一条曲线轨迹。通过执行一系列直流工作点分析，修改选定的源信号的电压，从而得到一条直流传输曲线。用户也可以同时指定两个工作源。具体的参数设置说明如下：

Primary Source：电路中独立电源的名称。

Primary Start：主电源的起始电压值。

Primary Stop：主电源的停止电压值。

Primary Step：在扫描范围内指定的增量。

Enable Secondary：在主电源基础上，对每个从电源值执行扫描分析。

Secondary Name：电路中第二个独立电源的名称。

Secondary Start：从电源的起始电压值。

Secondary Stop：从电源的停止电压值。

Secondary Step：在扫描范围内指定的增量。

在直流扫描分析中必须设定一个主独立源，而第二个独立源为可选源，为次独立源。通常第一个扫描变量（主独立源）所覆盖的区间是内循环区间，第二个扫描变量（次独立源）所覆盖的区间是外循环区间。

(5) 交流小信号分析

交流分析是在一定的频率范围内计算电路和响应。如果电路中包含非线性元器件，在计算频率响应之前就应该得到此元器件的交流小信号参数。在进行交流分析之前，必须保证电路中至少有一个交流电源，也即在激励源中的 AC 属性域中设置一个大于零的值。具体的参数设置说明如下：

Start Frequency：用于正弦波发生器的初始化频率（单位：Hz）。

Stop Frequency：用于正弦波发生器的终止频率（单位：Hz）。

Sweep Type：决定测试点的数量。Linear-全部测试点均匀分布在线性化的测试范围内，是从起始频率到终止频率的线性扫描，适用于带宽较窄情况；Decade-测试点以 10 的对数形式排列，适用于带宽特别宽的情况；Octave-测试点以 8 个 2 的对数形式排列，频率以倍频程进行对数扫描，适用于带宽较宽的情形。

Test Points：在扫描范围内，依据选择的扫描类型定义增量。

Total Test Point：显示全部测试点的数量。

在执行交流小信号分析前，电路原理图中必须至少包含一个信号源器件，并且在 AC Magnitude 参数中应输入一个值。用这个信号源替代处在仿真中的正弦波发生器。用于扫描的正弦波的幅值和相位需要在 SIM 模型中指定。输入的幅值（电压，Volt）和相位（度，Degrees），不要求输入单位。设定交流量级为 1，使输出变量显示相关度为 0 dB。

四、实验内容及步骤

① 绘制如图 5.32 所示的电路原理图。

② 新建项目文件，并绘制电路原理图。

③ 设置仿真方式，运行并输出仿真结果。

五、实验报告

按照实验内容完成实验，并打印绘制好的图形。

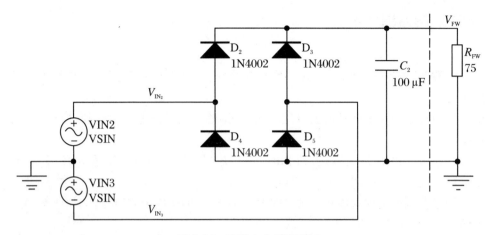

图 5.32 实验六电路原理图

六、预习要求

掌握实验基本操作步骤,理解各部分的含义及电路结构。

七、思考题

① 什么是电路仿真?它所遵循的基本原则是什么?

② 在 Protel DXP 仿真器中可进行哪几种仿真设置与分析?其中瞬态分析的主要内容是什么?

③ 仿真器的输出结果以文件的形式保存下来,如何将仿真结果在屏幕上显示出来?

实验七 简单电路的 PCB 设计

一、实验目的

① 熟练掌握项目工程文件、原理图文件、PCB 文件的建立。
② 熟悉 PCB 的运行环境,了解 PCB 板的编辑环境及参数设置。
③ 熟练掌握 PCB 的设计流程。

二、实验仪器

计算机,Altium Designer 软件。

三、实验原理

1. PCB 的概念

一般的 PCB 有 Single Layer PCB(单面板)、Double Layer PCB(双面板)、多层板等。

单面板是一种单面敷铜板,只能在敷了铜的一面设计电路导线和进行元件的焊接。

双面板是包括 Top(顶层)和 Bottom(底层)的双面都敷有铜箔的电路板,双面都可以布线、焊接,中间为一层绝缘层。

如果在双面板的顶层和底层之间加上别的层,即构成了多层板,比如放置两个电源板层构成的四层板。

通常的 PCB,包括顶层、底层和中间层,层与层之间是绝缘层。绝缘层用于隔离布线层,对材料的要求是耐热性和绝缘性好。早期的电路板多使用电木,而现在以玻璃纤维为主。

在 PCB 上布上铜膜导线后,还要在顶层和底层上印刷一层 Solder Mask(防焊层),它是一种特殊的化学物质,通常为绿色。该层不粘焊锡,以防止相邻焊接点因多余焊锡而短路。防焊层将铜膜导线覆盖住,防止铜膜过快地被氧化,但是在焊点处露出铜箔,用于焊接。

对于双面板或者多层板,防焊层分为顶面防焊层和底面防焊层两种。

电路板制作的后期阶段,一般要在防焊层印上一些文字符号,比如元件名称、元件符号、元件管脚和版权等,方便以后的电路焊接和查错等,这一层为 Silkscreen Overlay(丝印层)。多层板的防焊层分 Top Overlay(顶面丝印层)和 Bottom Overlay(底面丝印层)。

2. 操作步骤

(1) 新建 PCB 项目工程文件(.PrjPcb)和原理图文件(.SchDoc)并保存。

(2) 打开原理图编辑窗口,修改原理图工作环境参数的设置(如图纸尺寸、栅格、标题栏等)。

(3) 绘制电路原理图。

(4) 检查绘制好的电路原理图。

① 执行设计/工程的网络表/Protel 命令,生成网络表文件,通过此文件查看元器件的名称、封装、注释和电路中各网络节点的连接状态。

② 执行工具/封装管理器命令,启动封装管理器,检查电路中所有元器件的封装。

③ 执行工程/Compile Pcb Project ∗∗∗.PrjPcb 命令,或者在项目管理器中的

项目名称处点击右键,执行 Compile Pcb Project＊＊＊.PrjPcb 命令,编辑该项目文件。通过编辑项目检查设计文件中的原理图和电气规则,如果有错误则会自动弹出 Messages 窗口,并将错误显示在此窗口中。

④ 通过以上三项检查,如发现电路有错,则根据错误信息对电路原理图进行修改。可直接到原理图编辑窗口修改,也可通过 Navigator(导航)面板修改。

(5) 新建 PCB 文件。在绘制 PCB 前,应对 PCB 的设计有一个初步的规划,如采用板材的物理尺寸、各元件的封装形式及安装位置,以及采用几层电路板等。这项工作极其重要,直接影响到最终电路板的优劣成败。使用 PCB 向导创建新 PCB 文件的步骤如下:

① 单击 Altium Designer 工作区底部右下角的 System 按钮,勾选上 Files,即弹出 Files 面板。

② 在 Files 面板的 New from Template 单元单击 PCB Board Wizard 命令,启动 PCB 向导。

③ 单击 Next 按钮,出现度量单位对话框。默认的度量单位为英制(Imperial)单位,也可以选择公制(Metric)单位。二者的换算关系为:1 in = 25.4 mm。

④ 单击 Next 按钮,选择电路板的轮廓和尺寸,如果需要自定义,则选择 Custom。

⑤ 单击 Next 按钮,显示电路板层数设置对话框,根据需要设置信号层(Signal Layers)数和电源层(Power Planes)数。

⑥ 单击 Next 按钮,显示导孔类型选择对话框,一般选择穿透式导孔(Thru-hole Vias)。

⑦ 单击 Next 按钮,设置元件和布线技术对话框。

⑧ 单击 Next 按钮,显示导线/导孔尺寸设置对话框。主要设置导线的最小宽度、导孔的尺寸和导线之间的安全距离等参数。

⑨ 单击 Next 按钮,PCB 向导完成。

⑩ 单击 Next 关闭该向导。执行菜单命令 File/Save As…,将新的 PCB 文件重新命名,后缀为.PcbDoc,并选择文件保存的路径。

(6) 规划电路板,绘制 PCB。

① 板层设置。点击菜单 Design/Broad Layers & Colors,或在 PCB 编辑窗口单击鼠标右键,在弹出快捷菜单中选择 Options/Borad Layers & Colors 命令,就可以看到如图 5.33 所示的 Borad Layers 板层设置对话框,在这个对话框中可以设置显示的层及对应的颜色。

② PCB 图纸设置。点击菜单 Design/Borad Options…,或在 PCB 编辑窗口单击鼠标右键,在弹出的快捷菜单中选择 Design/Borad Options…命令,就弹出如

图 5.34 所示的 Borad Options 对话框。PCB 的选项设置包括移动栅格（Snap Grid）设置、电气栅格（Electrical Grid）设置、可视栅格（Visible Grid）设置、计量单位和图纸大小设置等。

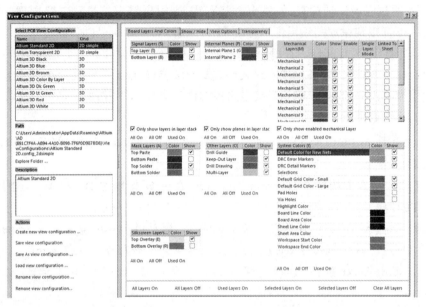

图 5.33　Borad Layers 板层设置对话框

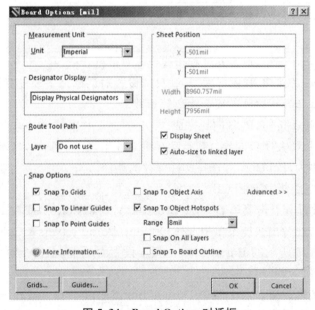

图 5.34　Borad Options 对话框

③ 定义电路板形状及尺寸:A. 将光标移至编辑区下面的工作层标签上的 Keep Out Layer(禁止布线层),单击鼠标左键,将禁止布线层设置为当前工作层;B. 单击放置工具栏上的布线按钮,也可以执行 Place/Line 命令或先后按下 P,L 字母键;C. 在编辑区中适当位置单击鼠标左键,开始绘制第一条边;D. 移动光标到合适位置,单击鼠标左键,完成第一条边的绘制,然后依次绘线,最后绘制一个封闭的多边形;E. 单击鼠标右键或按下 Esc 键取消布线状态。

④ 加载网络表文件(Netlist)及元件封装。Netlist 是电路板自动布线的灵魂,也是电路原理图设计系统与 PCB 设计系统的接口。只有加载了 Netlist,才能完成电路板的自动布线。在原理图编辑窗口执行 Design/Updata Pcb Document＊＊＊.PcbDoc 命令,或者在 PCB 编辑窗口执行 Design/Import Changes from ＊＊＊.PrjPCB 命令,系统弹出工程变化订单对话框,点击对话框中的执行更改。如果状态栏中的检测栏提示有错则要根据提示改错,如果检测栏全部正确则点击生效更改,则状态栏中的 Done 栏全部打勾即完成元件的装载。关闭工程变化订单对话框,在 PCB 编辑窗口可看到所有元件封装显示。

⑤ PCB 元件布局。元件布局分为自动布局和手动布局两种。系统自动布局按照一定的算法来实现元件布局,基本上所有的自动布局都不符合电路的元件布局要求,所以通常我们采用手动布局来完成元件布局。选中某元件后,在元件上按住鼠标左键,直到将元件拖到目标位置再松开左键,即可完成元件的定位。可按空格键将元件进行旋转。布局以两个焊盘直接的飞线最短,以飞线尽可能少交叉为原则进行放置。

⑥ PCB 元件布线。元件布线分为自动布线和手动布线两种,软件中有布通率很高的 Situs 布线器。自动布线之前应设置自动布线规则,在 PCB 编辑窗口执行设计/规则命令,打开 PCB 规则及约束编辑器对话框。在此对话框中可设置电气、布线、表贴技术、阻焊层、电源层、测试点、制造、高频、布局和信号完整性等十大类规则,每大类规则里又包含若干项具体的规则。自动布线结束后,有时存在令人不满意之处,需要进行手动调整。完成电路板布线后,保存 PCB 文件。

⑦ 设计规则检查。执行工具/设计规则检查命令,打开设计规则检查对话框,采用默认设置,点击 DRC 按键。通过打开的报告文件检查错误,如果有错,根据报告文件提示(错误之处在 PCB 文件中会呈现绿色高亮显示)进行修改。(注意:每修改一次都要保存一次文件)

⑧ 添加泪滴及敷铜。泪滴的作用是增加焊盘/过孔的机械强度,避免因力集中在导线与焊盘/过孔的连接处,而使连接处断裂或脱落。敷铜的作用是提高电路板的抗干扰能力,起到屏蔽外界干扰的作用。通常将敷铜接地,这样电路板中空白的地方就铺满了接地的铜箔。

A. 添加泪滴:执行工具/滴泪命令,打开泪滴选项对话框。

B. 添加敷铜:执行放置/多边形敷铜命令,打开多边形敷铜对话框。

⑨ 待设计规则检查无差错后再保存文件。

四、实验内容及步骤

① 如图 5.35 所示,绘制电路原理图,并生成对应的 PCB 文件。

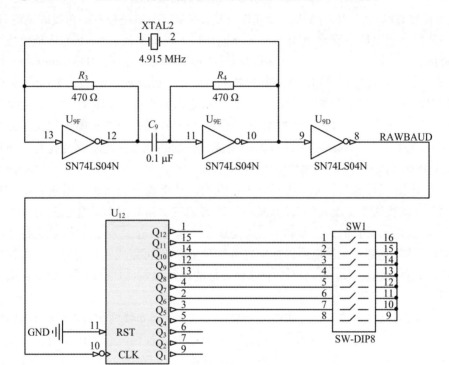

图 5.35 电路原理图

② 新建项目文件,同时新建原理图文件。

③ 绘制图 5.35,并修改网络标号、元件属性、电路参数。

④ 生成相应网络报表。

⑤ 新建 PCB 文件,设置 PCB 属性。

⑥ 导入网络表,对电路进行布局和布线。

⑦ 检查电路,确保无误后保存文件。

五、实验报告

按照实验内容完成实验,并打印绘制好的图形。

六、预习要求

掌握实验基本操作方法,理解各部分的含义及电路结构。

七、思考题

① PCB 有哪些工作层面?各有何作用?
② 电路板的电气边界有何作用?应绘制在哪个层面?

实验八 复杂电路的 PCB 设计

一、实验目的

① 完成较复杂 PCB 的设计。
② 能够熟练掌握各步骤的操作。

二、实验仪器

计算机,Altium Designer 软件。

三、实验原理

1. 布线规则设置

布线规则是设置布线的规范(如使用层面、各组线宽、过孔间距、布线的拓扑结构等部分规则,可通过 Design-Rules/Menu 从其他板导出后,再导入这块板)。这个步骤不必每次都做,按个人的习惯,设定一次就可以。选 Design-Rules,一般需要重新设置以下几个参数:

(1) 安全间距(Routing/Clearance Constraint)

它规定了板上不同网络走线上的焊盘、过孔等之间必须保持的最短距离。一般的板可设为 0.254 mm,较空的板可设为 0.3 mm,较密的贴片板可设为 0.20~0.22 mm。

(2) 走线层面和方向(Routing/Routing Layers)

此处可设置使用的走线层和每层的主要走线方向。请注意贴片的单面板只用于顶层,直插型的单面板只用于底层。但是多层板的电源层不在这里设置(可以在 Design-Layer Stack Manager 中,点顶层或底层后,用 Add Plane 添加,用鼠标左键双击后设置,点击本层后用 Delete 键删除)。机械层也不在这里设置(可以在

Design-Mechanical Layer 中选择要用到的机械层,并选择是否可视和是否同时在单层显示模式下显示)。

机械层 1:一般用于画板子的边框。

机械层 3:一般用于画板子上的挡条等机械结构件。

机械层 4:一般用于画标尺和注释等。

(3) 过孔形状(Routing/Routing Via Style)

它规定了手工和自动布线时自动产生的过孔的内、外径,均分为最小、最大和首选值,其中首选值是最重要的。

(4) 走线线宽(Routing/Width)

它规定了手工和自动布线时走线的宽度。整个板范围的首选项一般取 0.2～0.6 mm,另添加一些网络或网络组(Net Class)的线宽设置,如地线、+5 V 电源线、交流电源输入线、功率输出线和电源组等。可以事先在 Design-Netlist Manager 中定义好网络组,地线一般可选 1 mm 宽度,各种电源线一般可选 0.5～1.0 mm 宽度,印制板上线宽和电流的关系大约是每毫米线宽允许通过 1 A 的电流,具体可参看相关资料。当线径首选值太大使得 SMD 焊盘在自动布线情况下无法走通时,它会在进入 SMD 焊盘处自动缩小成最小宽度和焊盘宽度之间的一段走线。其中 Board 为整个板的线宽约束,它的优先级最低,即布线时首先满足网络和网络组等的线宽约束条件。

其余各项一般可用原先的缺省值,而如布线的拓扑结构、电源层的间距和连接形状匹配的网络长度等项可根据需要设置。

选择 Tools-Preferences,在其中 PCB Editor 栏的 Interactive Routing 中的当前模式处选择 Walkaround Obstacles,即默认设置,Defaults 栏的 Track 和 Via 等也可以改一下,一般不必去修改它们。

在不希望有走线的区域内放置 FILL 填充层,如散热器和卧放的两脚晶振下方所在布线层,在要上锡的 Top 或 Bottom Solder 相应处放 FILL。

2. 将 PCB 打印到转印纸上

(1) 打印纸设置

点击菜单 File/Page Setup/Printer Paper,进行打印纸的设置。主要是 Scaling 一栏:在 Scale Mode 项选择 Scaled Print。下面的 Scale 选 1,表示以 1∶1 的比例打印,如图 5.36 所示。

(2) 打印内容设置

点选图 5.36 中的 Advanced…标签,进入打印内容设置。在 Printouts & Layers 项目下面,将 Top Overlay 去掉(右键/Delete),后面的项目设置如图 5.37 所示。如果做的是单层板,只保留 Bottom Layer 一层。

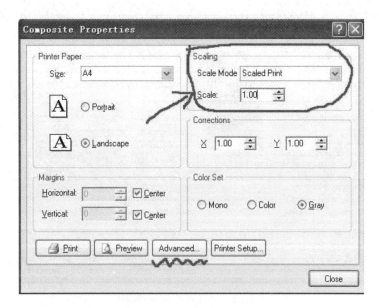

图 5.36　打印纸设置对话框

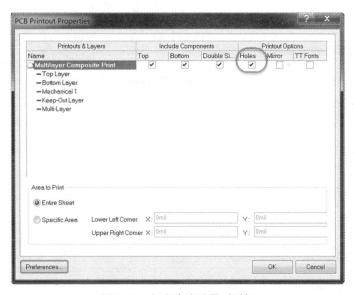

图 5.37　打印内容设置对话框

(3) 打印色彩设置

打印出来的 PCB 肯定是越黑越好，这样热转印的效果会越好。点选 Preferences 选项，进入 PCB 打印设置对话框。设置 Colors & Gray Scales 里面的内容。

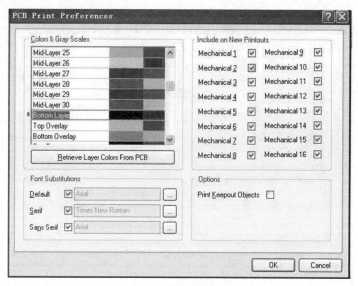

图 5.38　PCB 打印设置对话框

(4) 打印

设置完毕,直接通过 File/Print 打印。

四、实验内容及步骤

如图 5.39 所示绘制该电路图,并设计 PCB 布局和布线图。
① 新建项目文件,绘制电路原理图。
② 核查原理图,确保无误后,输出报表。
③ 新建 PCB 文件,导入网络表。
④ 进行元件布局,然后进行自动布线,再进行手动调整。
⑤ 检查 PCB 图,确保无误。

五、实验报告

按照实验内容完成实验,并打印绘制好的原理图及 PCB。

六、预习要求

掌握实验基本操作方法,理解各部分的含义及电路结构。

七、思考题

① 如果遇到实在无法布过去的导线,如何处理?

② 双面板应该如何打印?

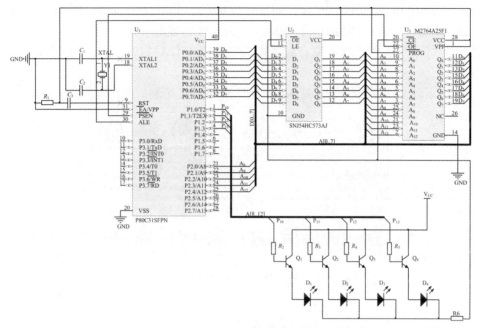

图 5.39　实验八电路原理图

实验九　封装库的管理和封装库元件的制作

一、实验目的

① 掌握封装库的管理、调用和元件的查找,记住常用元件所在的库。
② 学会制作封装库中没有的元件。

二、实验仪器

计算机,Altium Designer 软件。

三、实验原理

虽然 Altium Designer 10 封装库已提供了丰富的元件,但是仍然存在找不到元件封装的情况,这时候就需要自己创建一个元件的封装。对于元件封装来说,主要内容就是元件的外形和尺寸。

1. 绘制元件封装

在 Altium Designer 中修改、创建元件的封装非常简便，在元件封装编辑器 PCB Lib 窗口内，通过画图工具即可绘制出元件封装的外形，放置焊盘后即可获得元件的封装。既可以在原有封装库内增加新元件的封装，也可以创建新的封装库。

下面以 DIP-16 的封装（图 5.40）为例，介绍元件封装的制作过程。

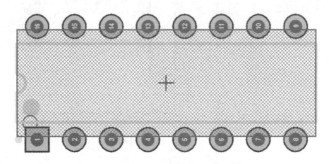

图 5.40 DIP-16 的封装

（1）新建元件封装库文件

选择菜单 File/New/Library/PCB Library，进入封装编辑器，如图 5.41 所示。

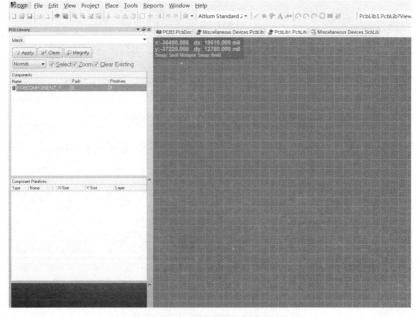

图 5.41 新建元件封装库文件

(2) 保存新建元件封装库

单击保存 按钮,弹出保存文件对话框,将新建元件封装库命名为 New PcbLib.PcbLib 并保存。在管理器中双击新建的元件库文件,打开 PCB Lib 对话框,在修改框 Name 内更改元件封装库名称为 DIP-16,如图 5.42 所示。

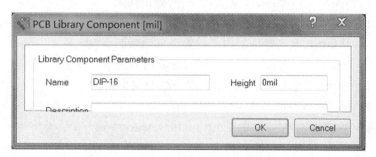

图 5.42 更改元件封装库名称

(3) 设置元件封装库参数

元件封装库参数设置与 PCB 参数设置类似,包括板层设置、栅格设置、系统参数设置等。

① 点击菜单 Tools/Library Options…,弹出属性对话框,如图 5.43 所示。

图 5.43 元件封装参数设置

② 在该对话框中，分组设置板面参数：

Measurement Unit(度量单位)：用于设置系统度量单位。系统提供了两种度量单位，即 Imperial(英制)单位和 Metric(公制)单位，系统默认为英制单位。

Snap Grid(栅格)：用于设置移动栅格。移动栅格主要用于控制工作空间中对象移动的栅格间距，可以分别设置 X,Y 向的栅格间距。

Component Grid(元件栅格)：用于设置元件移动的间距。

Electrical Grid(电气栅格)：用于设置电气栅格的属性。

Visible Grid(可视栅格)：用于设置可视栅格的类型和栅距。

Sheet Position(图纸位置)：用于设置图纸的大小和位置。

(4) 放置元件

① 确定基准点。执行菜单 Edit/Jump/Location 命令，系统将弹出对话框。在 X/Y-Location 编辑框中输入原点坐标(0,0)，单击 OK 按钮，光标指向原点。这是因为在元件封装编辑时，需要将基准点设定在原点。

② 放置焊盘。单击绘图工具栏中的 ⊙ 按钮，光标变为十字形，中间有一个焊盘随着光标的移动而移动。移动到适当的位置后，单击鼠标将其定位。相邻焊盘间距为 100 mil，两列焊盘的间距为 300 mil。根据尺寸要求，连续放置 16 个焊盘，如图 5.44 所示。

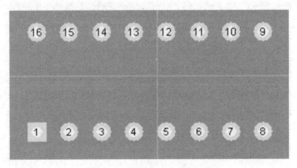

图 5.44　在图纸上放置焊盘

③ 修改焊盘属性。放置焊盘时，按 Tab 键可进入焊盘属性对话框进行焊盘属性设置。

④ 放置外轮廓线。将工作层面切换到顶层丝印层，即 Top Overlay 层。单击绘图工具栏中的 ╱ 按钮，光标变为十字形。将光标移动到适当的位置后，单击鼠标左键确定元件封装外形轮廓线的起点，随之绘制元件的外形轮廓。

⑤ 绘制圆弧。单击绘图工具栏中的 ⌒ 按钮，在外形轮廓线上绘制圆弧。圆

弧的参数为：半径 25 mil，起始角 270°，终止角 90°。执行命令后，光标变为十字形。将光标移动到适当的位置后，先单击鼠标左键确定圆弧的中心，然后移动鼠标并单击右键确定圆弧的半径，最后确定圆弧的起点和终点。绘制好的图形如图 5.45 所示。

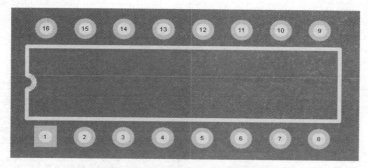

图 5.45　绘制好的元件外形轮廓

(5) 设置元件封装的参考点

执行 Edit/Set Reference 子菜单中的相关命令，其中有 Pin1、Center 和 Location 三条命令。如果执行 Pin1 命令，则设置引脚 1 为元件的参考点；如果执行 Center 命令，则表示将元件的几何中心作为元件的参考点；如果执行 Location 命令，则表示由用户选择一个位置作为元件的参考点，通常设定 Pin1（即编号为 1 的引脚）作为坐标参考点。

(6) 布置组件

完成上述设置后，利用 PCB 库中 Place 工具栏中的绘图工具放置焊盘、外形轮廓线，以及部分圆弧导线、参考点、字符说明等，直至完成所有组件设置。

(7) 元件封装检错和库报表

Report 菜单提供了元件封装和元件封装库的一系列报表，通过报表可以了解某个元件封装的信息，如图 5.46 所示。

执行 Report/Measure Distance 命令，对元件封装的各部分尺寸进行测量。

执行 Report/Component 命令，系统将自动生成该元件符号的报表信息，包括元件名称、所在库、库的创建日期和时间，以及元件封装中各个组成部分的详细信息。

执行 Report/Component Rule Check 命令，设置元件符号错误检测规则。

执行 Report/Library Report 命令，生成元件封装库信息报表，包括封装库中所有的封装名称和对它们的描述。

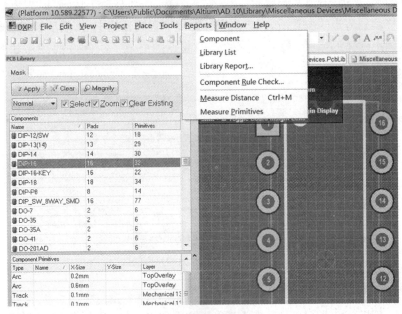

图 5.46　元件封装报表

2. 利用元件封装向导绘制元件封装

Altium Designer 提供元件封装向导,允许用户预先定义设计规则,根据设计规则,元件封装库编辑器会自动生成相应的新元件封装。

执行 Report/Component Wizard 命令,打开图 5.47 所示的封装向导对话框。

图 5.47　Component Wizard 对话框

① 单击对话框中 Next 按钮,选择元器件封装形式,Altium 提供了十二种元件的外形,以下我们以 DIP 形式为例进行介绍。在该对话框内还可以选择度量单位,如图 5.48 所示。

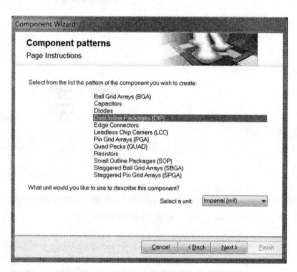

图 5.48　Component Wizard 对话框

② 单击对话框中 Next 按钮,打开图 5.49 所示的面板,设置焊盘的外形。

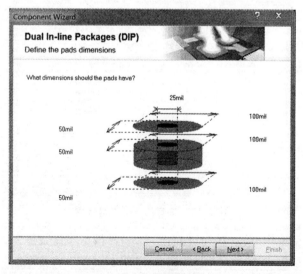

图 5.49　设置焊盘外形

③ 单击对话框中 Next 按钮,如图 5.50 所示设置焊盘的尺寸和间距(包括引脚水平间距、垂直间距)。

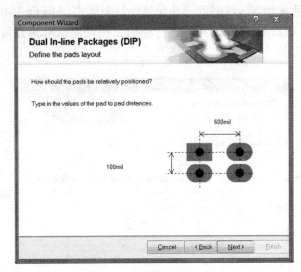

图 5.50 设置焊盘尺寸及间距

④ 单击对话框中 Next 按钮,如图 5.51 所示确定焊盘的第一位置。

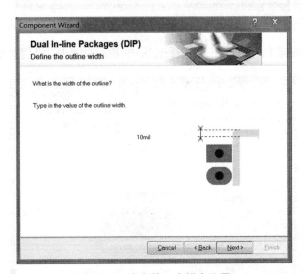

图 5.51 确定第一个焊盘位置

⑤ 单击对话框中 Next 按钮,如图 5.52 所示确定焊盘数量。

⑥ 单击对话框中 Next 按钮,如图 5.53 所示设置封装名称。

⑦ 单击对话框中 Next 按钮,单击图 5.54 所示对话框内 Finish 按钮,即可完成对新元件封装设计规则的定义。至此可生成一个元器件的封装,并可直接打开,如图 5.55 所示。

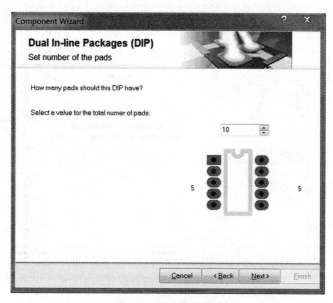

图 5.52 确定焊盘数量

图 5.53 设置封装名称

四、实验内容及步骤

按照以下资料,绘制出 NE555D 的封装,并输出各种报表。

图 5.54　完成设置

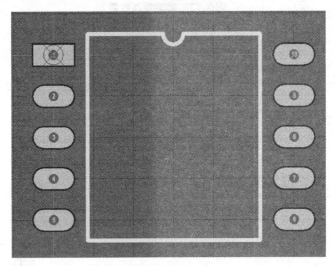

图 5.55　完成制作

五、实验报告

按照实验内容及步骤完成实验,并打印绘制好的封装和报表。

六、预习要求

掌握实验基本操作方法,理解各部分的含义及封装结构。

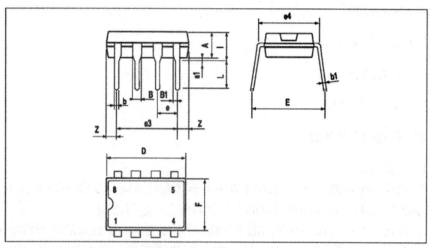

Dimensions	Millimeters			Inches		
	Min.	Typ.	Max.	Min.	Typ.	Max.
A		3.32			0.131	
a1	0.51			0.020		
B	1.15		1.65	0.045		0.065
b	0.356		0.55	0.014		0.022
b1	0.204		0.304	0.008		0.012
D			10.92			0.430
E	7.95		9.75	0.313		0.384
e		2.54			0.100	
e3		7.62			0.300	
e4		7.62			0.300	
F			6.6			0260
i			5.08			0.200
L	3.18		3.81	0.125		0.150
Z			1.52			0.060

图 5.56　NE555D 的封装信息

七、思考题

① 简述制作元件封装库的基本过程。

② 创建元件封装有哪几种方法？

实　验　十　综　合　实　验

一、实验目的

综合运用所学知识，利用 Altium 10 软件设计出合理的电子线路图及 PCB。

二、实验仪器

计算机，Altium Designer 软件。

三、实验原理

综合运用专业知识。

四、实验内容及步骤

1. 实验内容

① 设计一个声光门铃，要求按下开关后声音和灯光同时发出，叮咚声音重复 3 次，中间间隔都是 1 s，其间指示灯的亮与灭和声音的起与落同步。

② 设计一个声音控制开关的电子线路，要求接收到一定强度的声音后指示灯才能接通电源并点亮(声音强度自行设定)。触发之后亮灯状态保持 10 s，误差不超过 ±2 s。

2. 实验步骤

① 自行绘制基本元件库内没有的元件。
② 绘制电路原理图。
③ 对电路进行仿真分析。
④ 设计电路的 PCB。
⑤ 生成各种报表。

五、实验报告

① 两个实验内容任选一个，按照要求完成实验。
② 叙述所选设计的工作原理及工作过程中各元器件的动作顺序。
③ 打印绘制好的原理图、仿真波形、PCB 及各种报表。

六、预习要求

掌握所选电路的工作原理，理解电路结构。

第六章 集成电路原理实验

一、实验课程简介

"集成电路原理"是一门理论性较强的课程,同时也是一门综合型课程。它结合了电路、模拟电路、线性电子电路等方面的知识,使学生在学习新知识的同时巩固以往的知识。

由于集成电路较强的理论性,开设集成电路实验课的意义就不言而喻。通过实验,使得学生对理论知识有了更好的掌握,并锻炼了学生的动手能力。本课程实验共四个,分别为积分电路与微分电路(有源)、有源滤波电路、电压/频率转换电路、波形变换电路。每个实验均紧密结合课程内容,并针对学生在学习理论过程中易遇到的难题部分,在实验中通过练习和思考题的方式予以帮助解决。四个实验由易到难,由浅入深,使学生易于理解和掌握。

二、TPE-A 实验箱简介

集成电路原理的实验均是在 TPE-A 实验箱中完成的,该实验箱主要用于完成低频模拟电子技术方面的实验。该实验箱的实验板采用独特工艺,正面贴膜,同时印有原理图及符号,反面为印制导线并焊有相应元器件,需要测量及观察的部分装有自锁紧式接插件,使用直观、可靠,维修方便、简捷。

同时配备数字万用表、双踪示波器、函数发生器等仪器,使学生的动手能力得到充分锻炼。

三、EWB 5.0 简介

1. 软件介绍

电子工作平台 Electronics Workbench(EWB)软件是加拿大 Interactive Image Technologies 公司于 20 世纪 80 年代末 90 年代初推出的用于电子电路仿真的虚拟电子工作台软件。它具有直观地创建图形界面电路、控制面板的外形和操作与实物相似、自带丰富的电子元件库等特点,因此非常适合电子类课程的教学和实验。

2. 操作介绍

(1) EWB 5.0 的启动

EWB 软件不需要安装,直接双击相应目录(通常目录是 EWB 5.0)中可执行文件 WEWB32.EXE 图标即可。

(2) 创建电路

① 选取元器件。打开元件库栏,移动鼠标到需要的元件图形上,按下左键,将元件符号拖曳到工作区,可根据实际需求在工具栏中对相应的元件进行旋转、反复、复制、删除等操作。双击元件对其进行参数设置。

② 导线连接。鼠标指向一元件的端点,出现小圆点后,按下左键并拖曳导线到另一个元件的端点,出现小圆点后松开鼠标左键,即可完成导线连接。单击鼠标右键,可对选定的导线进行删除和改动等操作。

③ 电路图的设置。Circuit/Schematic Option 对话框可设置标识、编号、数值、模型参数、节点号等的显示方式及有关栅格(Grid)、显示字体(Fonts)。

④ 使用仪器。从元件库中可以选取电压表、电流表、数字多用表、示波器、信号发生器、波特图仪,用鼠标拖至工作区域,双击对其工作参数进行设置。

(3) 仿真

① 直流工作点分析。在工作区构造电路,在菜单"Circuit/Schematic Options…"启动的对话框中选定显示节点(Show Nodes),把电路的节点标号显示在原理图上;选择菜单命令 Analysis/DC Operating Point,EWB 对电路做直流工作点分析,分析结果显示在 Analysis Graphs 窗口的 DC Bias 栏中。

② 仿真操作。按下电路"启动/停止"开关,仿真实验开始。如果要使实验过程暂停,可单击右上角的 Pause(暂停)按钮,再次单击 Pause 按钮,实验恢复运行。

实验一 积分电路与微分电路

一、实验目的

① 掌握由运算放大器组成的积分与微分电路。
② 掌握积分与微分电路的特点,观察并记录积分与微分电路的实验区别。
③ 熟悉运算放大器在电路中的使用。

二、实验仪器

数字万用表,信号发生器,双踪示波器,TPE-A 实验箱。

三、实验原理

① 积分电路如图 6.1 所示,其输出信号与输入信号的积分成正比,采用基本积分电路可以实现某一信号的一般波形转换(电路原理基于电容的充放电原理)。积分电路运算关系为

$$V_O = -\frac{1}{RC}\left(\int V_I \mathrm{d}t\right) \qquad (6.1)$$

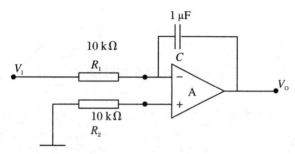

图 6.1 积分电路原理图

② 微分电路如图 6.2 所示,其输出信号与输入信号的微分成正比,微分电路运算关系为

$$V_O = -RC\left(\frac{\mathrm{d}V_I}{\mathrm{d}t}\right) \qquad (6.2)$$

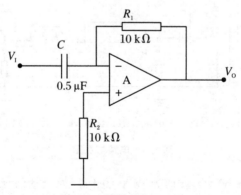

图 6.2 微分电路原理图

③ 积分-微分电路如图 6.3 所示。

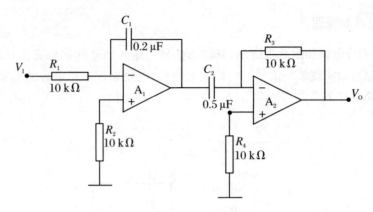

图 6.3 积分-微分电路原理图

四、实验内容与步骤

1. 仿真实验

(1) 积分电路

① 按图 6.4(a)所示连接电路,点击信号发生器,选取合适的输入波形,可在电路中接入直流电压表,观察输出电压,并验证式(6.1)。

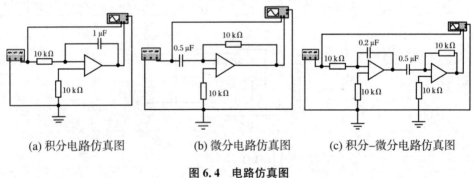

(a) 积分电路仿真图　　(b) 微分电路仿真图　　(c) 积分-微分电路仿真图

图 6.4　电路仿真图

② 在输入端选取 50 Hz,幅值为 10 V 的正弦波,启动仿真,在示波器中观察输出波形。

③ 将输入波形换成 100 Hz,10 V 的方波进行仿真,观察输出波形的频率和相位,并与输入波形进行比较。

④ 仿真结果如图 6.5 所示。

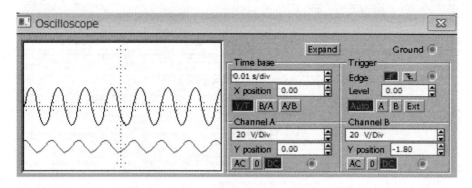

图 6.5　积分电路仿真结果

(2) 微分电路

① 按图 6.4(b)所示连接电路,在电路中接入直流电压表,观察输出电压,并验证式(6.2)。

② 信号发生器选取 20 Hz,幅值为 10 V 的正弦波,启动仿真,在示波器中观察输出波形。

③ 将输入波形换成 50 Hz,10 V 的三角波进行仿真,观察输出波形。

④ 仿真结果如图 6.6 所示。

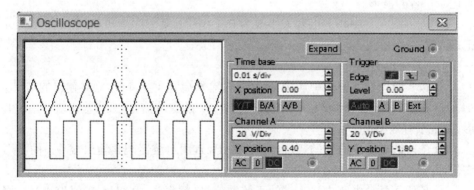

图 6.6　微分电路仿真结果

(3) 积分-微分电路

① 按图 6.4(c)所示连接电路,在信号发生器上选取 4 V,50 Hz 的正弦波,观察输出波形。

② 再选取 200 Hz,10 V 的方波,启动仿真,在示波器中观察输出波形。

③ 仿真结果如图 6.7 所示。

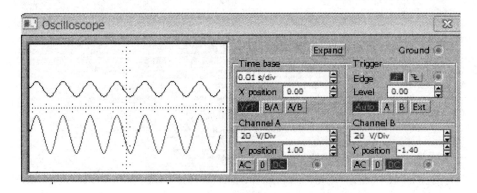

图 6.7 积分-微分电路仿真结果

2. 硬件实验

(1) 积分电路部分

① 按实验图在实验箱中连接电路,并在输入端取 $V_I = 1$ V,观察输出端 V_O 的波形。

② 在图 6.1 中使输入端取频率为 100 Hz,幅值为 4 V 的正弦波信号,观察 V_I 端和 V_O 端的波形情况,观察二者的相位关系和幅值大小,同时记录二者的波形。

③ 若改②中输入信号的频率为 150 Hz,观察二者的相位关系和幅值大小,同时记录二者的波形。

④ 若将图 6.1 中积分电容大小改为 0.1 μF,重复②③步骤,观察实验结果并记录。

(2) 微分电路部分

① 按实验图在实验箱中连接电路,并在输入端取 $V_I = 1$ V,观察输出的结果。

② 在输入端输入频率为 100 Hz,$V = \pm 4$ V 的方波信号,观察输出端 V_O 的波形,并记录有效幅值。

③ 依次改变①中方波的频率(50~400 Hz),用示波器观察输出端 V_O 的波形变化,并建立表格记录有效值的大小变化。

④ 若使用积分电路中输入端的正弦波信号(频率为 100 Hz,幅值为 4 V),用示波器观察输入端 V_I 与输出端 V_O 的波形,并记录 V_O 的幅值。

⑤ 将电路中电容的大小改为 0.2 μF,重复步骤③,观察输出波形的变化并进行记录。

(3) 积分-微分电路部分

① 使用积分电路输入端的正弦波信号(频率为 100 Hz,幅值为 4 V)作为图 6.3 的输入信号,用示波器观察输入 V_I 端与输出 V_O 端的波形,并记录 V_O 的幅值。

② 使用微分电路输入端的方波信号(频率为 100 Hz, $V = \pm 4$ V)作为图 6.3 的输入信号,用示波器观察输入端 V_I 与输出端 V_O 的波形,并记录有效幅值。

五、实验报告

① 对于图 6.1 所示的电路,分析当输入 V_I 为正弦波时,输出 V_O 为何种波形?二者的相位差为多少?

② 若图 6.1 输入 V_I 为 100 Hz,有效值是 1 V 的正弦波,输出 V_O 的有效值是多少?

③ 对于图 6.2 所示的电路,分析当输入 V_I 为方波时,输出 V_O 为何种波形?二者的有效幅值分别为多少?

④ 记录三个硬件实验输出的波形,并进行分析。

六、预习要求

① 熟悉运算放大器的功能和特点。
② 熟悉积分与微分电路原理。

七、思考题

① 在积分电路实验部分,改变积分电容的大小对实验结果有何影响?为什么会产生这种影响?

② 针对不同电路的实验,分析实验结果与理论结果之间误差产生的原因。

实验二 有源滤波电路

一、实验目的

① 掌握有源滤波的概念,并熟悉其电路结构和特点。
② 熟悉几种滤波的不同电路功能,并能分析其滤波特性。

二、实验仪器

信号发生器,双踪示波器,TPE-A 实验箱。

三、实验原理

滤波电路的基本功能是使指定频段的信号顺利通过,其他频率的信号衰减,同时有源滤波电路(由 RC 元件和运算放大器组成)的滤波参数不随负载变化。根据不同频率范围的选择,可将滤波电路分为低通(LPF)、高通(HPF)、带通(BPF)、带阻(BEF)等四种滤波器。

① 典型的二阶低通滤波电路如图 6.8 所示。电路性能参数如下:

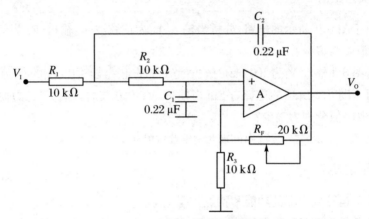

图 6.8 低通滤波电路原理图

通带增益:

$$A_{UP} = 1 + \frac{R_F}{R_3} \tag{6.3}$$

截止频率:

$$f_O = \frac{1}{2\pi R_1 C_1} \tag{6.4}$$

② 高通滤波电路如图 6.9 所示。将图 6.8 中起滤波作用的电阻、电容互换位置,即可得二阶高通滤波电路。

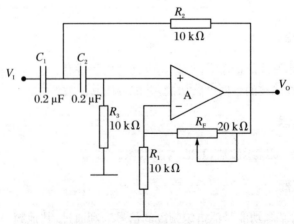

图 6.9 高通滤波电路原理图

③ 带阻滤波电路如图 6.10 所示,该电路的主要功能是使在规定频带内的信号无法通过(或受到很大的抑制和衰减),而在其余频带内的信号能顺利通过。

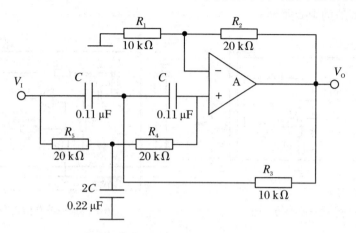

图 6.10　带阻滤波电路原理图

四、实验内容与步骤

1. 仿真实验

（1）低通滤波

① 按照图 6.11(a)所示连接仿真电路图,在仿真时加入波特图仪,方便观察滤波结果的幅频特性,也可在输出部分加入电压表,观察不同电压输入时对应的输出电压。

② 分别输入不同频率的正弦波信号,启动仿真,用示波器观察输出波形。

③ 点击波特图仪,调节坐标起点和坐标终点,显示幅频特性和相位特性。也可点击工具栏中 Circuit/Schematic Options,在 Show Nodes 选择项中打勾选中,以便显示电路中所有节点,再返回主菜单选择 Analysis/AC Frequency…,选择频率范围、设定横坐标和纵坐标类型、确定需要分析的电路节点,点击 Simulate,显示滤波结果波特图。仿真结果如图 6.12(a)所示。

（2）高通滤波

① 按照图 6.11(b)所示连接仿真电路图,加入波特图仪和电压表。

② 分别输入不同频率的正弦波信号,启动仿真,用示波器观察输出波形;将输入波形换成方波,观察输出波形。

③ 观察滤波结果的幅频特性,仿真结果如图 6.12(b)所示。

（3）带阻滤波

① 按照图 6.11(c)所示连接仿真电路图,输入不同频率的正弦波信号,启动仿

真,用示波器观察输出波形;将输入波形换成三角波,观察输出波形。

② 观察滤波结果的幅频特性,仿真结果如图 6.12(c)所示,调节坐标,可估算出带阻滤波器的中心频率。

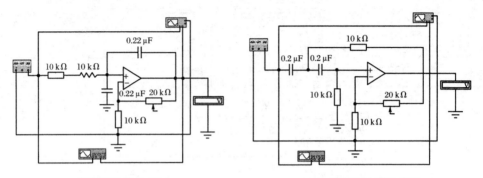

(a) 低通滤波器仿真图　　　　(b) 高通滤波器仿真图

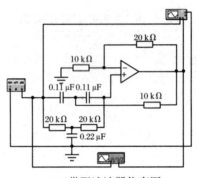

(c) 带阻滤波器仿真图

图 6.11　低通滤波器、高通滤波器、带阻滤波器仿真图

2. 硬件实验

(1) 低通滤波

① 按照图 6.8 在实验箱中接线,并接通电源。

② 在电路中,输入端输入有效电压为 1 V 的信号波形,并依此改变输入频率,观察输出电压的变化。

③ 记录不同输入频率下的输出电压的大小,填入表 6.1。

表 6.1　低通滤波输出电压

频率(Hz)	5	10	15	20	30	40	50	70	100	150	200	300
电压(V)												

(2) 高通滤波

① 按照图 6.9 在实验箱中接线,并接通电源。

② 在电路中,在输入端输入有效电压为 1 V 的信号波形,并依次改变输入频率,观察输出电压的变化。

③ 记录不同输入频率时输出电压的大小,填入表 6.2。

表 6.2 高通滤波输出电压

频率(Hz)	5	10	15	20	30	40	50	70	100	150	200	300
电压(V)												

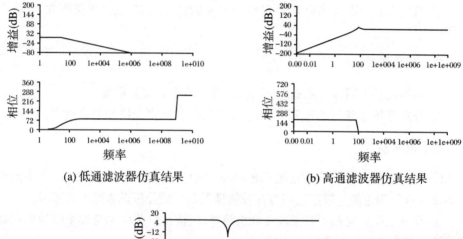

(a) 低通滤波器仿真结果　　　　(b) 高通滤波器仿真结果

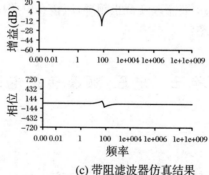

(c) 带阻滤波器仿真结果

图 6.12　低通滤波器、高通滤波器、带阻滤波器仿真结果

(3) 带阻滤波

① 按照图 6.10 在实验箱中接线,并接通电源。

② 在电路中,在输入端输入有效电压为 1 V 的信号波形,并依次改变输入频率,观察输出电压的变化。

③ 根据实验观察,建立表格并记录不同输入频率对应不同输出电压大小,填入表 6.3。

表 6.3 带阻滤波输出电压

频率(Hz)	5	10	15	20	30	40	50	70	100	150	200	300
电压(V)												

五、实验报告

① 在实验报告中要求根据实验数据作出电路图 6.8、图 6.9、图 6.10 的幅频特性曲线图。

② 通过实验分别找出电路图 6.8、图 6.9 的截止频率,以及电路图 6.10 的中心频率。

六、预习要求

① 熟悉几种不同滤波的概念、功能,以及滤波中的重要参数。

② 分别分析电路图 6.8、图 6.9 的工作原理,并计算电路增益表达式。

七、思考题

① 通过实验测量出的电路图 6.8、图 6.9 中的截止频率,电路图 6.10 中的中心频率是否与理论测量频率之间存在较明显误差?试分析误差产生的原因。

② 在低通滤波电路中要想改变截止频率,应该在电路中调整哪个参数?在高通滤波电路中又如何调整?

实验三 电压/频率转换电路

一、实验目的

① 掌握电压/频率转换(VFC)功能的实现方法。

② 掌握电压/频率转换电路的基本组成部分,并分析各部分的主要功能。

二、实验仪器

数字万用表,示波器,TPE-A 实验箱。

三、实验原理

电压/频率转换就是将输入电压信号按线性比例关系转换为相应的频率信号,当输入信号变化时,输出频率信号也随之变化。电压/频率转换器的输出信号 f_O 与输入电压 V_I 的大小成正比,输入控制电压为直流电压。利用输入电压的大小变化改变电容的充电速度,从而改变振荡电路的振荡频率,达到产生相应频率的效果。

本次实验电路图采用简单的 VFC 电路(方波发生器),电路图如图 6.13 所示。

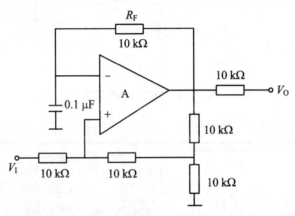

图 6.13 VFC 电路原理图

根据反相和同相输入端电位的高低,运放输出高电平 V_{OH} 或低电平 V_{OL}。当输出高电平 V_{OH} 时,运放对应的翻转电平称为上门限电平 V_{AH};同理,输出低电平 V_{OL} 时对应的翻转电平称为下门限电平 V_{AL}。当 $t=0$ 时,设运放输出 $V_O = V_{OH}$,且电容 C 起始电压为 0,这时 V_{OH} 经 R 对 C 充电,电容电压 V_C 按指数规律增加,当 $V_C = V_{AH}$ 时,电路开始翻转,运放输出由 V_{OH} 转为 V_{OL}。V_{OL} 为负值,C 通过 R 放电,V_C 按指数规律下降,直到 $V_C = V_{AL}$ 时,电路再次翻转,由低电平转为高电平。周而复始,形成方波输出。

四、实验内容与步骤

1. 仿真实验

① 按图 6.14 所示连接仿真电路,在输入端输入 0~12 V 直流电压,启动仿真,观察输出方波的变化情况。

② 改变电路中电容值和反馈电阻值,观察输出方波幅值、宽度、频率的变化情况。

③ 仿真结果如图 6.15 所示。

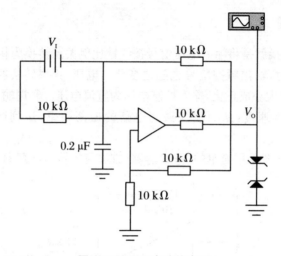

图 6.14 VFC 电路仿真图

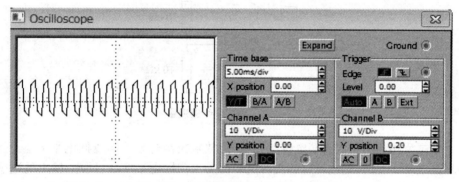

图 6.15 VFC 仿真结果(输入 6 V 时)

2. 硬件实验

① 按图 6.14 在实现箱中接线,并接通电源。

② 在输入端 V_I 输入不同电压,使用示波器观察输出波形的变化,并记录每次的 V_o 输出频率(可先用示波器测量出周期,然后再换算成频率)。

③ 记录实验结果,填入表 6.4。

表 6.4 输出频率

V_I(V)	0	1	2	3	4	5	6	7	8
T(ms)									
f(Hz)									

五、实验报告

根据实验结果,画出频率-电压关系曲线图,并进行分析。

六、预习要求

① 熟悉 VFC 电路的特点和性能。
② 分析在电路图 6.14 中如何实现电压与频率之间的转换。

七、思考题

① 在 VFC 电路中,电容 C 是如何工作的?
② VFC 主要受哪些参数的影响?

实验四　波形变换电路

一、实验目的

① 掌握波形变换电路的基本原理和工作特性。
② 掌握波形变换电路中各元器件的主要功能。
③ 熟悉各波形变换电路的设计原理和参数设置方法。

二、实验仪器

信号发生器,双踪示波器,TPE-A 实验箱。

三、实验原理

波形变换电路的功能是将一种形状的波形变换为另一种形状的波形,以适应不同需求。利用集成运算放大器或者专用模拟集成电路,配以少量的外接元件可以构成各种类型的信号发生器和具有各种功能的变换电路。

1. 精密半波整流电路

电路如图 6.16 所示。由于二极管的伏安特性在小信号时处于截止或特性曲线的弯曲部分,一般利用二极管的单向性来组成整流电路,在小信号检波时输出端将得不到原信号(或使原信号失真很大)。

当 $V_I > 0$(正半周)时,二极管 D_1 导通,D_2 截止,输出电压 $V_O = 0$;当 $V_I < 0$(负半周)时,二极管 D_1 截止,D_2 导通,输出电压 $V_O = -\dfrac{R_2}{R_1}V_I$。

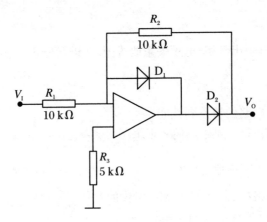

图 6.16 精密半波整流电路原理图

2. 方波变换为三角波电路

电路原理图如图 6.17 所示。

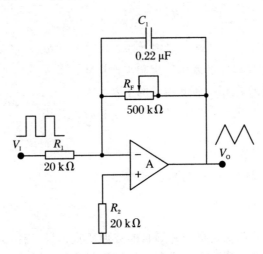

图 6.17 方波变换为三角波电路原理图

四、实验内容与步骤

1. 仿真实验

(1) 精密半波整流

① 按图 6.18(a) 所示连接仿真电路。在输入端输入频率为 100 Hz,幅值为 10 V 的正弦波,启动仿真,在示波器中观察输出波形,并记录幅值和相位。

② 将输入波形分别改为 100 Hz,10 V 的三角波和方波,观察输出波形。

③ 仿真结果如图 6.19 所示。

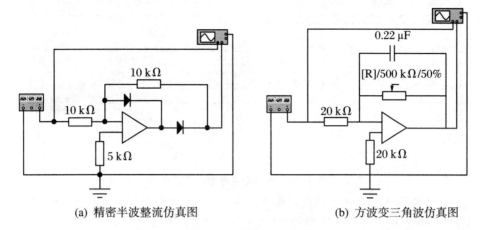

(a) 精密半波整流仿真图　　　　(b) 方波变三角波仿真图

图 6.18　精密半波整流和方波变三角波仿真图

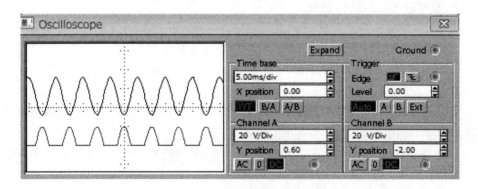

图 6.19　精密半波整流仿真结果

(2) 方波变换为三角波

① 按图 6.18(b)连接仿真电路。在输入端输入频率为 50 Hz,幅值为 10 V 的方波,启动仿真,在示波器中观察输出波形,并记录幅值和相位。

② 改变输入方波的频率和幅值,观察输出波形的变化。

③ 仿真结果如图 6.20 所示。

2. 硬件实验

(1) 精密半波整流

① 按照图 6.16 在实验箱中接线,并接通电源。

② 在电路中输入频率为 200 Hz,幅值为 ±2 V 的正弦波,在示波器中观察输入和输出的波形,并对输出波形进行记录。

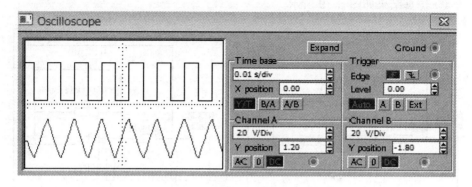

图 6.20 方波变三角波仿真结果

③ 将步骤②中输入正弦波的频率变为 400 Hz,幅值分别为 ±2 V 和 ±1 V,在示波器中观察输入和输出波形的变化,并分别对输出波形进行记录。

④ 将正弦波换为三角波,重复步骤②③,在示波器中观察输入和输出波形的变化,并对输出波形进行记录。

(2) 方波变换为三角波

① 按照图 6.17 所示在实验箱中接线,并接通电源。

② 在电路中输入频率为 400 Hz,幅值为 ±5 V 的方波,在示波器中观察输入和输出的波形,并对输出波形进行记录。

③ 将步骤②中输入方波的频率变为 600 Hz,幅值仍为 ±5 V,在示波器中观察输入和输出波形的变化,并对输出波形进行记录。

④ 将步骤②中输入方波的幅值变为 ±2 V,频率仍为 400 Hz,在示波器中观察输入和输出波形的变化,并对输出波形进行记录。

五、实验报告

① 根据图 6.17 的电路图,分析电路的工作原理,说明波形转换如何实现。

② 画出图 6.16、图 6.17 中的输出波形 V_o,并与输入波形进行比较。

六、预习要求

熟悉信号发生器产生的各种波形,并准确记录波形参数。

七、思考题

① 在方波变换为三角波的实验中,改变输入波形的频率时,该输入波形是否会发生失真现象?如果发生失真现象,应该怎样调节电路中的参数?说明理由。

② 据上述实验,试分析波形变换电路的主要特点。

参 考 文 献

[1] 张永瑞.电路分析基础[M].西安:西安电子科技大学出版社,2000.
[2] 李瀚荪.电路分析基础:上、中、下册[M].北京:高等教育出版社,2001.
[3] 周长源.电路理论基础[M].北京:高等教育出版社,1996.
[4] 江缉光.电路原理[M].北京:清华大学出版社,1996.
[5] 吴锡龙.电路分析[M].北京:高等教育出版社,2004.
[6] 童诗白,华成英.模拟电子技术基础[M].4版.北京:高等教育出版社,2006.
[7] 康华光.电子技术基础:模拟部分[M].5版.北京:高等教育出版社,2006.
[8] 张肃文.高频电子线路[M].北京:高等教育出版社,2009.
[9] 高如云.通信电子线路[M].西安:西安电子科技大学出版社,1999.
[10] 谢沅清.电子电路与系统:高频电路[M].北京:中央广播电视大学出版社,2001.
[11] 王毓银.数字电路逻辑设计[M].北京:高等教育出版社,1999.
[12] 冯根生.数字电子技术[M].合肥:中国科学技术大学出版社,1999.
[13] 余孟偿.数字电子技术基础简明教程[M].2版.北京:高等教育出版社,1999.
[14] 谈文心,刘本鸣.运放及模拟集成电路[M].北京:国防工业出版社,1986.
[15] 周铜山,李长法.模拟集成电路原理及应用[M].北京:科学技术文献出版社,1991.
[16] 何希才,何瑜.最新集成电路应用[M].北京:科学普及出版社,1993.
[17] 孔有林.集成运算放大器及其应用[M].修订版.北京:人民邮电出版社,1988.
[18] 顾宝良.模拟集成电路原理与实用电路[M].北京:人民邮电出版社,1989.
[19] 孙肖子.实用电子电路手册:模拟电路分册[M].北京:高等教育出版社,1991.
[20] 陈鸣茂,于洪珍.常用电子元器件简明手册[M].北京:中国矿业大学出版社,1991.
[21] 赵晶.电路设计与制版 Protel 99 高级应用[M].北京:人民邮电出版

社,2000.

[22] 李东生,等.Protel 99SE 电路设计技术入门与应用[M].北京:电子工业出版社,2002.

[23] 清源计算机工作室.Protel 99SE 电路设计与仿真[M].北京:机械工业出版社,2001.

[24] 汤元信.电子工艺及电子工程设计[M].北京:北京航空航天大学出版社,2001.

[25] 夏西泉.电子工艺实训教程[M].北京:机械工业出版社,2005.

[26] 潘松,黄继业.EDA 技术实用教程[M].2 版.北京:科学出版社,2005.

[27] 黄正瑾,徐坚.CPLD 系统设计技术入门与应用[M].北京:电子工业出版社,2002.

[28] 徐志军,徐光辉.CPLD/FPGA 的开发与应用[M].北京:电子工业出版社,2002.

[29] Sjoholm S,Lindh L,薛宏熙.用 VHDL 设计电子线路[M].边计年,薛宏熙,译.北京:清华大学出版社,2000.

[30] Sjoholm S,Lindh L,薛宏熙.VHDL 设计表示与综合[M].李宗伯,王蓉晖,译.北京:机械工业出版社,2002.

附录 A 常用芯片型号、名称对照表

1. 7400 系列 TTL 集成电路部分产品型号（对应国产 CT400 系列产品）

74LS00　四-二输入正与非门
74LS02　四-二输入正或非门
74LS03　四-二输入正与非门（OC 门）
74LS04　六反相器
74LS05　六反相器（OC 门）
74LS08　四-二输入正与门（CT400 门）
74LS10　三-三输入与非门
74LS20　二-四输入与非门
74LS22　二-四输入与非门（OC 门）
74LS54　2-3-3-2 输入与或非门
74LS30　八输入与非门
74LS74　双 D 触发器
74LS76　双 J-K 触发器
74LS86　四异或门
74LS112　双 J-K 触发器
74LS125　三态门
74LS126　三态门
74LS150　十六选一选择器
74LS151　八选一选择器
74LS153　双四选一选择器
74LS157　四二选一选择器
74LS138　3-8 线译码器
74LS83　四位全加器
74LS42　BCD-十进位制译码器
74LS154　4-16 线译码器
74LS46　BCD-七段译码器
74LS47　BCD-七段译码器（配共阳 LED）

74LS48　BCD-七段译码器(配共阴 LED)

74LS49　BCD-七段译码器(配共阴 LED)

74LS148　七段显示译码器

74LS85　四位数码比较器

74LS160　可预置二-十进制同步计数器

74LS161　可预置二-十六进制同步计数器

74LS192　可逆可预置二-十进制计数器

74LS193　可逆可预置二-十六进制计数器

74LS190　同步十进制可逆计数器

74LS90　二-五-十进制计数器(异步)

74LS290　二-五-十进制计数器(异步)

74LS196　可预置二-五-十进制计数器

74LS177　二-八-十六进制计数器

74LS194　四位双向移位寄存器

74LS198　八位双向移位寄存器

74LS245　双向移位寄存器

74LS121　单稳态触发器

74LS373　8D 锁存器

2. CMOS 集成电路(400 系列)

4001　四-二输入或非门

4009　六反相缓冲/变换器

4011　四-二输入或非门

4013　双主从 DFF

4019　四与/或选择门

4027　双主从 J-KFF

40518　选 1 模拟开关

4069　六反相器

4070　四异或门

4075　三-三输入或门

40201　四级串行进位二进制计数器

4055B　BCD-七段码液晶显示译码器/驱动器

4017B　十进制计数器/脉动分配器

4516　可预置四位二进制加/减计数器

4520　双四位二进制同步加计数器

4098B 双单稳态触发器
4047B 多谐振荡器
4042B 四 D 锁定触发器
40106 六施密特触发器
40109 四底-高电平位移器

附录 B 所用集成电路介绍

1. 74LS00 四-二输入与非门

管脚排列如图 B.1 所示。

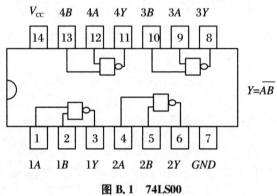

图 B.1 74LS00

2. 74LS86 四-二输入异或门

管脚排列如图 B.2 所示。

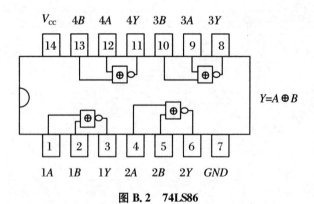

图 B.2 74LS86

3. 74LS153 双四选一选择器

管脚排列如图 B.3 所示，功能表如表 B.1 所示。

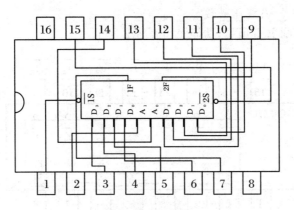

图 B.3　74LS153

表 B.1　74LS153 功能表

输	入		输 出
$\overline{S}$	A_1	A_0	B
1	×	×	0
0	0	0	D
0	0	1	D
0	1	0	D
0	1	1	D

4. 74LS20 双四输入与非

管脚排列如图 B.4 所示。

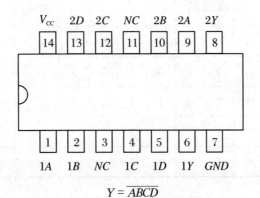

$Y = \overline{ABCD}$

图 B.4　74LS20

5. 74LS138 3-8线译码器

管脚排列如图 B.5 所示,功能表如表 B.2 所示。

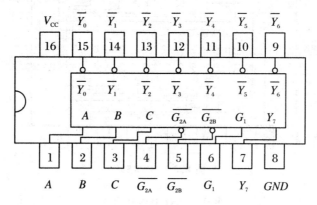

图 B.5 74LS138

表 B.2 74LS138 功能表

		输入						输出				
	G_1	C	B	A	$\overline{Y_0}$	$\overline{Y_1}$	$\overline{Y_2}$	$\overline{Y_3}$	$\overline{Y_4}$	$\overline{Y_5}$	$\overline{Y_6}$	$\overline{Y_7}$
1	×	×	×	×	1	1	1	1	1	1	1	1
输入	0	×	×	×	1	1	1	1	1	1	1	1
$\overline{G_{2A}} + \overline{G_{2B}}$	1	0	0	0	0	1	1	1	1	1	1	1
0	1	0	0	1	1	0	1	1	1	1	1	1
0	1	0	1	0	1	1	0	1	1	1	1	1
0	1	0	1	1	1	1	1	0	1	1	1	1
0	1	1	0	0	1	1	1	1	0	1	1	1
0	1	1	0	1	1	1	1	1	1	0	1	1
0	1	1	1	0	1	1	1	1	1	1	0	1
0	1	1	1	1	1	1	1	1	1	1	1	0

6. 74LS112 双下降沿触发器

管脚排列如图 B.6 所示,功能表如表 B.3 所示。

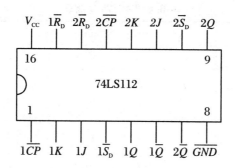

图 B.6　74LS112

表 B.3　74LS112 功能表

$\overline{S}_D$	$\overline{R}_D$	CP	J	K	Q	$\overline{Q}$
0	1	×	×	×	1	0
1	0	×	×	×	0	1
0	0	×	×	×	1	1
1	1	↑	0	0	Q_0	$\overline{Q}_0$
1	1	↑	0	1	0	1
1	1	↑	1	0	1	0
1	1	↑	1	1	翻转	

7. 74LS74 双上升沿 D 触发器

管脚排列如图 B.7 所示,功能表如表 B.4 所示。

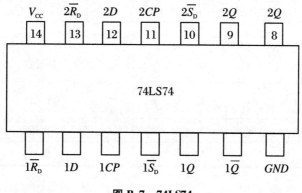

图 B.7　74LS74

表 B.4　74LS74 功能表

S_D	R_D	CP	D	Q	$\bar{Q}$
0	1	×	×	1	0
1	0	×	×	0	1
0	0	×	×	1	1
1	1	↑	1	1	0
1	1	↑	0	0	1
1	1	1	×	Q_0	$\bar{Q}_0$

8. 74161 十六进制同步计数器

管脚排列如图 B.8 所示，功能表如表 B.5 所示。

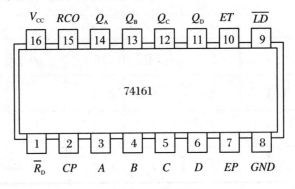

图 B.8　74161

表 B.5　74161 功能表

$\overline{C_R}$	S_1	S_2	$\overline{L_D}$	CP	Q_D	Q_C	Q_B	Q_A
0	×	×	×	×	0	0	0	0
1	×	×	0	↑	预置数			
1	1	1	1	↑	计数			
1	0	×	1	×	保持			
1	×	0	1	×	保持			

9. 74LS290 异步二-五-十进制计数器

管脚排列如图 B.9 所示，功能表如表 B.6 所示。

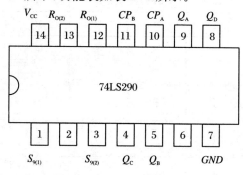

图 B.9　74LS290

表 B.6　74LS290 功能表

$S_{9(1)}$	$S_{9(2)}$	$S_{0(1)}$	$S_{0(2)}$	Q_D	Q_C	Q_B	Q_A
1	1	×	×	1	0	0	1
0	×	1	1	0	0	0	0
×	0	1	1	0	0	0	0
0	×	0	×				
×	0	×	0			计数	
0	×	×	0				
×	0	0	×				

10. 74LS74 双上沿 D 触发器

管脚排列如图 B.10 所示，功能表如表 B.7 所示。

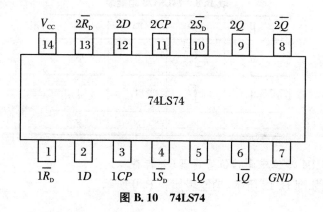

图 B.10　74LS74

表 B.7　74LS74 功能表

S_D	R_D	CP	D	Q	$\overline{Q}$
0	1	×	×	1	0
1	0	×	×	0	1
0	0	×	×	1	1
1	1	↑	1	1	0
1	1	↑	0	0	1
1	1	↑	×	Q_0	$\overline{Q_0}$

11. 74LS373 8D 锁存器及功能表

管脚排列如图 B.11 所示,功能表如表 B.8 所示。

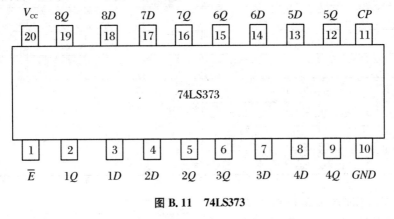

图 B.11　74LS373

表 B.8　74LS373 功能表

$\overline{E}$	CP	D	Q
0	↑	0	0
0	↑	1	1
1	×	×	Z

12. 74LS194 四位双向移位寄存器(并行存取)

管脚排列如图 B.12 所示,功能表如表 B.9 所示。

附录B 所用集成电路介绍

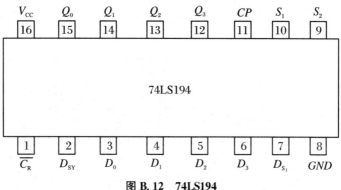

图 B.12 74LS194

表 B.9 74LS194 功能表

R_D	$\overline{M_B}$	M_P	CP	DSL	DSR	A	B	C	D	Q_0	Q_1	Q_2	Q_3
0	×	×	×	×	×	×	×	×	×	0	0	0	0
1	×	×	0	×	×	a	b	c	D	Q_{00}	Q_{10}	Q_{20}	Q_{30}
1	1	1	↑	×	1	×	×	×	×	a	b	c	d
1	0	1	↑	×	0	×	×	×	×	1	Q_{0N}	Q_{1N}	Q_{2N}
1	0	1	↑	×	×	×	×	×	×	0	Q_{0N}	Q_{1N}	Q_{2N}
1	1	0	↑	1	×	×	×	×	×	Q_{1N}	Q_{2N}	Q_{3N}	1
1	1	0	↑	0	×	×	×	×	×	Q_{1N}	Q_{2N}	Q_{3N}	0

13. 其他常用芯片

其他常用芯片引脚如图 B.13 所示。

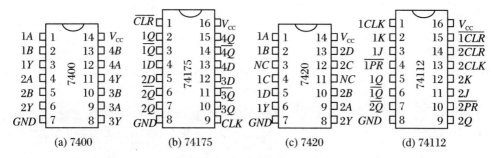

(a) 7400 (b) 74175 (c) 7420 (d) 74112

图 B.13 其他常用芯片